SOS! Hulp voor ouders

SOS! Hulp voor ouders

Een praktische gids voor het omgaan met alledaagse gedragsproblemen van kinderen

Dr. Lynn Clark

Bohn Stafleu van Loghum
Houten 2009

© 2009 Bohn Stafleu van Loghum, onderdeel van Springer Uitgeverij

Alle rechten voorbehouden. Niets uit deze uitgave mag worden verveelvoudigd, opgeslagen in een geautomatiseerd gegevensbestand, of openbaar gemaakt, in enige vorm of op enige wijze, hetzij elektronisch, mechanisch, door fotokopieën of opnamen, hetzij op enige andere manier, zonder voorafgaande schriftelijke toestemming van de uitgever.

Voor zover het maken van kopieën uit deze uitgave is toegestaan op grond van artikel 16b Auteurswet 1912 j° het Besluit van 20 juni 1974, Stb. 351, zoals gewijzigd bij Besluit van 23 augustus 1985, Stb. 471 en artikel 17 Auteurswet 1912, dient men de daarvoor wettelijk verschuldigde vergoedingen te voldoen aan de Stichting Reprorecht (Postbus 3051, 2130 KB Hoofddorp). Voor het overnemen van (een) gedeelte(n) uit deze uitgave in bloemlezingen, readers en andere compilatiewerken (artikel 16 Auteurswet 1912) dient men zich tot de uitgever te wenden.

Samensteller(s) en uitgever zijn zich volledig bewust van hun taak een betrouwbare uitgave te verzorgen. Niettemin kunnen zij geen aansprakelijkheid aanvaarden voor drukfouten en andere onjuistheden die eventueel in deze uitgave voorkomen.

ISBN 978 90 313 6881 5
NUR 854

Ontwerp omslag: Nanja Toebak
Ontwerp binnenwerk: Studio Bassa, Culemborg
Automatische opmaak: Cross Media Solutions, Ten Brink, Alphen a/d Rijn
Cartoons: John Robb

Oorspronkelijke titel: SOS Help for parents. A practical guide for handling common everyday behavior problems.
© 2005 by Lynn Clark
Deze Nederlandse vertaling is verschenen met toestemming van SOS Programs & Parents Press, www.sosprograms.com.
Vertaling: Lieke Berkhuizen

Met dank aan Gé Sijm en Ola Momcilovic, die hielpen dit boek geschikt te maken voor de Nederlandse lezer.

Bohn Stafleu van Loghum
Het Spoor 2
Postbus 246
3990 GA Houten

www.bsl.nl

Inhoud

	Inleiding	12
	Deel 1: Grondslagen van gedrag en het verbeteren van gedrag	17
1	Hoe komt het dat kinderen zich goed of slecht gedragen?	19
2	Heldere communicatie bevordert effectief opvoeden	31
3	Manieren om goed gedrag te bevorderen	41
4	Wat is een time-out? Wanneer gebruiken ouders de time-out?	51
5	Belangrijke methoden om een einde te maken aan slecht gedrag	63
	Deel 2: Basisvaardigheden van de time-outmethode	79
6	Beginnen met de time-out	81
7	Een saaie plek kiezen voor de time-out	87
8	Uitleg aan je kind geven over de time-out	97
9	Zorgen dat je kind snel in de time-out komt	102
10	De wekker en wachten in de time-out	108
11	Praten met je kind – *na* de time-out	115

12	Veelvoorkomende fouten en problemen met de time-out	120
	Deel 3: Nog meer toepassingen van je opvoedvaardigheden	133
13	Slecht gedrag buitenshuis aanpakken	135
14	Werken met punten, fiches en contracten	143
15	Twee kinderen een time-out geven	156
16	Speelgoed in plaats van het kind een time-out geven	161
17	Agressief en gevaarlijk gedrag aanpakken	169
18	Je kind helpen met het uiten van gevoelens	179
19	Meer probleemgedrag – vragen en antwoorden	188
	Deel 4: Andere hulpbronnen voor je kind	195
20	Leerkrachten en ouders als partners	197
21	Wanneer en hoe professionele hulp inschakelen	209
22	Je eigen boosheid beheersen	214
23	Je kennis testen	219
	Appendix	231
	Over de auteur	245

Voor kinderen en hun opvoeders

Opmerking van de uitgever

Dit boek is bedoeld als informatiebron. De lezer wordt erop geattendeerd dat de uitgever en de auteur geen psychologische, medische of andere hulp verlenen.
Kinderen opvoeden kan een enorme uitdaging zijn. Mocht deskundige hulp nodig zijn, dan kunt u voor doorverwijzing en advies terecht bij uw huisarts, het Bureau Jeugdzorg, een kinderpsycholoog of orthopedagoog, of een opvoedsteunpunt bij u in de buurt.
Aanvullend materiaal is gratis te downloaden op www.bsl.nl/SOS.

Woord van dank – eerste editie

Bijzonder veel dank ben ik verschuldigd aan Gerald Patterson, Rex Forehand en hun collega's, die veel van het onderzoek en de praktijkervaring op hun naam hebben staan waarop dit boek is gebaseerd. Donald Baer was degene die mij tijdens mijn studie aan de University of Kansas kennis liet maken met het onderzoek naar de opvoeding van kinderen met behulp van de gedragsmatige benadering. B.F. Skinner deed meer dan vijftig jaar lang onderzoek naar menselijk gedrag en was zo vriendelijk mij toestemming te geven voor de illustratie in hoofdstuk 22.
Gerald Patterson van het Oregon Social Learning Center en Mark Roberts van de Idaho State University redigeerden het manuscript. Hun commentaar en aanbevelingen verhogen de bruikbaarheid van SOS.
Carole Clark voorzag de vele versies stuk voor stuk van commentaar en droeg voorbeelden uit de praktijk aan van probleemgedrag en interacties tussen ouders en kinderen. Mary Ann Kearny en Virginia Lezhnev kwamen met suggesties voor de schrijfstijl en moedigden mij aan.
Bijdragen aan SOS van de Western Kentucky University kwamen van de kant van Patrice Nolan, Lois Layne, Clinton Layne, Harry Robe, William Pfohl, Elsie Dotson, Ned Kearny, Fred Stickle, Livingston Alexander, Carl Martray, Delbert Hayden en James Warwick. Verder leverde een groot aantal studenten nuttig commentaar op het boek.
De uitstekende illustraties zijn vervaardigd door John Robb.
Beverly Cravens las de proefdruk. Janet Allen hielp met het typen van het geredigeerde manuscript. Bettye Neblett gaf waardevolle suggesties voor SOS en was een snelle en deskundige typiste.

Woord van dank – tweede editie

Toen ik de eerste editie van SOS! *Hulp voor ouders* schreef, waren mijn zoons nog kinderen en nu zijn ze volwassen. Het herzien van het SOS-boek was in meerdere opzichten een project voor het hele gezin.
Eric voorzag de meeste hoofdstukken na herziening van – waardevol – commentaar. Todd maakte een tekstverwerkingsversie, waar-

door de herziening voor mij veel gemakkelijker werd. Carole Clark gaf commentaar op alle herziene hoofdstukken, zodat de ideeën duidelijker naar voren kwamen.

Ik ontving veel reacties van lezers van het SOS-boek, onder wie ouders, leerkrachten en werkers in de geestelijke gezondheidszorg, die ideeën opleverden voor de tweede editie. De SOS-methode en ikzelf zijn al deze mensen dank verschuldigd!

Woord van dank – derde editie

Ik waardeer de nuttige en positieve reacties die ik door de jaren heen heb gekregen van vele ouders, leraren, studenten, werkers in de geestelijke gezondheidszorg en artsen. Het SOS-boek is er nu in negen talen en nog meer vertalingen zijn in de maak.

Het programma SOS! *Hulp voor ouders* blijft zich verder ontwikkelen, met het doel ouders en kinderen te helpen. Iedere keer dat er een nieuwe druk verschijnt, breng ik weer verbeteringen en aanpassingen aan de nieuwste ontwikkelingen aan.

Ik ben Carole, Eric en Todd bijzonder erkentelijk dat ze mij zijn blijven steunen bij het ontwikkelen van de SOS-methode.

Woord vooraf bij de Nederlandse editie

Er is veel geschreven over opvoeden, maar waar ouders vooral behoefte aan hebben, zijn concrete antwoorden en tips. Lynn Clarks boek SOS! *Hulp voor ouders* biedt deze. Het inspireerde hiermee al duizenden lezers over de hele wereld. SOS! *Hulp voor ouders* is een praktisch naslagwerk, dat door ouders kan worden geraadpleegd wanneer de situatie hierom vraagt.
De adviezen en tips worden geïllustreerd door vaak humorvolle tekeningen die de situatie in een oogopslag herkenbaar maken. De adviezen in het boek zijn gebaseerd op bewezen theoretische opvoedmodellen, vertaald naar herkenbare situaties van alledag. Het laat de achtergronden achter het gedrag zien, hoe ouder en kind elkaar beïnvloeden, maar het gaat verder vooral in op de praktijk. Over hoe de opvoeding aan te pakken in verschillende situaties, maar ook over hoe je je kinderen duidelijk kunt maken waarom je bepaalde keuzes maakt in de opvoeding.
Is het onderstaande herkenbaar?
– *U wilt grenzen stellen, maar het is zoveel eenvoudiger om toe te geven.*
– *U wilt een positieve relatie met uw kind, maar u voelt zich meer politieagent dan ouder.*
– *U vraagt zich af wie u kan helpen bij het corrigeren van uw kind.*
– *U worstelt met de vraag of u hulp mag vragen bij de opvoeding van uw kinderen.*

Opvoeden is moeilijk, het is een enorme verantwoordelijkheid waarvoor specifieke vaardigheden nodig zijn die u niet vanzelfsprekend allemaal zelf in huis hebt. Met SOS! *Hulp voor ouders* leert u onder meer om de *time-out* in te zetten als opvoedingsmiddel en deze zeer effectieve methode op de juiste wijze toe te passen in de dagelijkse praktijk. Er worden u glasheldere handvatten aangereikt die u in staat stellen om het gedrag van uw kinderen te beïnvloeden, zodanig dat u een positieve(re) relatie met uw kind krijgt, uiteraard met behoud van uw ouderlijk gezag of zelfs versterking daarvan.
Een lange adem hebben, het goede voorbeeld geven en verantwoordelijkheid nemen zijn een aantal kernbegrippen van *positive parenting*. De intentie van ouders is een liefdevolle relatie met hun kinderen op te bouwen. We werken jarenlang in de jeugdhulpverlening met ouders die soms geen raad meer weten met hun kinderen.

Ouders die wel hulp willen, maar geen antwoorden krijgen die direct toepasbaar zijn in de praktijk. Dit boek kan hun die antwoorden bieden.

Olanda Momcilovic
Psycholoog

Gé Sijm
Maatschappelijk werkster

Olanda Momcilovic en Gé Sijm zijn door Lynn Clark benaderd om dit praktische opvoedboek ook voor Nederlandse ouders beschikbaar te maken. Zij hopen dat dit boek inspirerend is voor opvoeders en professionals.

Drs. Olanda Momcilovic is psycholoog. Ze werkte na haar afstuderen zes jaar als schoolpsycholoog in Kroatië. In 1993 emigreerde ze naar Nederland, waar ze haar studie moest overdoen. Ze is afgestudeerd aan de Universiteit van Amsterdam (UVA). Sindsdien is ze werkzaam als gedragswetenschapper in de jeugdhulpverlening. Ze biedt hulp aan kinderen met gedrags- en leerproblemen, begeleidt hun ouders en geeft adviezen aan hun leerkrachten.
Gé Sijm is maatschappelijk werkster. Zij werkte jarenlang met chronische psychiatrische patiënten. Daarna maakte ze de overstap naar de jeugdhulpverlening. Ze werkte onder andere als gezinsvoogd, ouderbegeleider en schoolmaatschappelijk werkster met multiprobleemgezinnen. Na het volgen van een managementopleiding begeleidde en adviseerde ze een aantal jaar andere hulpverleners en teams in de jeugdhulpverlening. Momenteel is ze als gecertificeerd coach werkzaam in haar eigen coachingspraktijk, waar zij mensen begeleidt die werkzaam zijn in de non-profitsector.

Inleiding

'Ik win altijd!'

Jessica van zes was onhandelbaar. Als ze boos was, beet ze zichzelf tot bloedens toe in haar pols, ze gilde en schold, sloeg haar moeder of richtte haar razernij op een muur of een deur. Jessica wilde per se *altijd* haar zin krijgen! In een winkelcentrum weigerde ze een keer met haar ouders mee te komen naar de auto. Ze dwong hen haar achterna te zitten tussen de geparkeerde auto's en het verkeer door. Stevige uitbranders, klappen, het weerhield haar er allemaal niet van zich als een verwend nest te gedragen. Jessica was de baas. Toen ik met Jessica en haar moeder, mevrouw S., werkte, was ik nog niet zolang als psycholoog werkzaam. Mevrouw S. stemde ermee in bij mij in behandeling te komen, al had ze er weinig vertrouwen in dat haar dochter zou kunnen veranderen. Ik werkte niet met Jessica zelf. In plaats daarvan leerde ik mevrouw S. effectieve methoden om met haar dochter om te gaan en haar te corrigeren. Zij ging goed met deze methoden aan de slag, en na een stormachtige periode van acht weken veranderde het gedrag van Jessica totaal. Een engeltje werd ze niet, maar ze werd hanteerbaar.

Tijdens onze bijeenkomsten was mevrouw S. altijd een beetje boos op mij. Het irriteerde haar dat ik haar professionele adviezen gaf over hoe met Jessica om te gaan, terwijl ik zelf geen kinderen had. Ook had ze het gevoel dat ik niet echt in de gaten had hoe moeilijk het was om Jessica's moeder te zijn.

Een paar maanden nadat we de opvoedbegeleiding hadden beëindigd, kwam mevrouw S. erachter dat mijn vrouw in verwachting was van ons eerste kind. Weet je hoe mevrouw S. op dit goede nieuws reageerde? Ze riep: 'Ik hoop dat het kind van dr. Clark een rotjong wordt! Dan weet hij eindelijk wat ik heb doorstaan!'

Een Jessica hoeft je kind niet te zijn, maar een engel is hij of zij vast ook niet altijd. SOS! *Hulp voor ouders* kan je helpen als ouder meer zelfvertrouwen te krijgen en effectiever op te treden. Je zult vele nieuwe methoden leren om het gedrag van je kind te verbeteren. Het resultaat daarvan zal zijn dat je kind zich beter zal gedragen en blijer is. Je leven wordt eenvoudiger en plezieriger.

Dit boek is je gids voor het omgaan met een verscheidenheid van veelvoorkomende gedragsproblemen. We kijken naar specifieke oplossingen voor onder andere de volgende problemen:

Problemen waarmee ouders worden geconfronteerd

- Je driejarige slaat je als hij zijn zin niet krijgt. Je hebt het geprobeerd met standjes, maar zijn gedrag gaat alleen maar achteruit.
- Het brengt je in verlegenheid en maakt je boos als je dochter van tien je tegenspreekt wanneer je haar vraagt een eenvoudig karweitje te doen. Als je haar uitlegt hoe onbeleefd dat 'tegenspreken' is, lacht ze je uit.
- Je ziet altijd als een berg tegen de zaterdagmorgen op. Je kinderen van twaalf en acht hebben de gewoonte dan ruzie te maken en elkaar in de haren te vliegen terwijl ze tv-kijken. Jij waarschuwt ze keer op keer dat ze moeten ophouden met ruziemaken en vechten. Maar een effectieve stok achter de deur om die waarschuwingen kracht bij te zetten, heb je eigenlijk niet.
- Je dochter van vijf heeft tegenwoordig driftbuien. Ze heeft die driftbuien ook als je bij vrienden op bezoek bent. Je hebt

> genoeg van haar gedrag en van het feit dat je je steeds voor haar gedrag moet verontschuldigen. Je voelt je niet in staat om iets aan haar gedrag te veranderen.

Om kinderen te begrijpen en hen te helpen veranderen, is de gedragsmatige aanpak van opvoeden heel bruikbaar. Wat is de gedragsmatige aanpak? Wat houdt opvoeden op basis van gedragsprincipes precies in? *De gedragsmatige benadering stelt dat zowel goed als slecht gedrag aangeleerd is.* Een andere aanname is dat gedrag kan worden 'afgeleerd' of veranderd. *Opvoeding op basis van gedragsprincipes* betekent methoden, vaardigheden, procedures en strategieën – alle onderzocht en effectief gebleken – die je kunt gebruiken om een verbetering in het gedrag van je kind te krijgen.

Je hebt reden om optimistisch te zijn over je mogelijkheden om je kind te helpen veranderen. Allerlei soorten probleemgedrag kunnen met gedragsmatige methoden heel effectief worden aangepakt. Onderzoek verricht in de Verenigde Staten en andere landen toont aan dat met gedragsmatige methoden allerlei soorten probleemgedrag met vijftig tot negentig procent kunnen worden teruggebracht. Ik heb als ouder en als psycholoog veel vertrouwen in deze methoden. Bijna alle methoden die in dit boek worden beschreven, heb ik ook bij mijn eigen kinderen gebruikt. De vaardigheden zijn gemakkelijk te leren, en ze werken.

Hoe dit boek te gebruiken

Lees voor je begint met het toepassen van de strategieën bij je kind de hoofdstukken 1 tot en met 12. Wanneer je de methoden, de stap-voor-stapinstructies en de voorbeelden in deze hoofdstukken begrijpt, ben je zover dat je je kind succesvol naar beter gedrag op weg kunt helpen. Ook leer je om veelvoorkomende valkuilen en fouten in de aanpak van je kind te vermijden.

Ieder hoofdstuk sluit af met een onderdeel getiteld 'Belangrijke punten om te onthouden'. Daarin worden de voornaamste ideeën en instructies van het hoofdstuk samengevat.

SOS! Hulp voor ouders is gebaseerd op de ervaring die ik opdeed in

'Niemand heeft ons verteld dat het zo zou zijn!'

mijn praktijk als psycholoog, op mijn persoonlijke ervaring als vader en op de conclusies uit talrijke onderzoeken naar ouders en kinderen. Kinderen opvoeden is een uitdagende taak, die soms nederig stemt, en dat geldt ook voor psychologen en gezinstherapeuten. Mijn vrouw (leerkracht in het basisonderwijs) en ik begonnen de in dit boek beschreven methoden voor het aanpakken van kinderen te gebruiken toen onze twee zoons nog dreumesen waren.

Het is al jaren geleden dat ik met mevrouw S. en Jessica werkte, en nog steeds denk ik af en toe aan haar 'goede wensen' voor mijn eerstgeborene! Ik ben me blijven verdiepen in de opvoeding van kinderen, niet alleen om ouders te helpen, maar zeker ook omdat ik niet vervloekt wilde zijn met 'een rotjong!'

Mijn doel met het schrijven van SOS! Hulp voor ouders is ouders helpen om betere opvoeders te worden en kinderen helpen beter toegerust het leven in te gaan. Als klinisch psycholoog ben ik op de hoogte van methoden voor het helpen van ouders en kinderen die zijn onderzocht en effectief zijn gebleken, en ik wil deze methoden graag onder de aandacht van veel ouders brengen.

De geteste methoden voor het helpen van kinderen zijn gebaseerd op onderzoek dat overal ter wereld is uitgevoerd. De SOS-methoden zijn multicultureel; ze kunnen worden gebruikt door ouders met verschillende culturele achtergronden. SOS! *Hulp voor ouders* is in negen talen vertaald.

SOS! *Hulp voor ouders* heeft enorm veel succes gehad en tot positieve reacties geleid van duizenden ouders en professionals. Ouders met verschillende achtergronden in de Verenigde Staten en vele andere landen gebruiken tegenwoordig het SOS-opvoedprogramma.

Deel 1 Grondslagen van gedrag en het verbeteren van gedrag

1 Hoe komt het dat kinderen zich goed of slecht gedragen?

Oncoöperatief gedrag
'Nee! ... Ik doe het niet!'

Coöperatief gedrag
'Poeh! ... Dit is hard werken.'

Hoe komt het dat sommige kinderen hun kinderjaren doorkomen zonder veel opmerkelijke gedragsproblemen, terwijl andere kinderen continu een probleem voor hun ouders zijn? Volwassenen en andere kinderen hebben een hekel aan deze 'probleemkinderen' en ze beklagen zich over hen of gaan hen uit de weg. Van sommige probleemkinderen zou je bijna denken dat ze 's avonds in hun bed wakker liggen om te bedenken wat ze morgen nu weer eens zullen uitspoken.
Als psycholoog heb ik de gevoelens van frustratie en mislukking die veel ouders ervaren, uit de eerste hand meegekregen. Ook die gefrustreerde ouders liggen 's nachts wakker, wanhopig als ze zijn over het vinden van een oplossing.
Die oplossing is er wel! Door meer te weten te komen over de regels en methoden voor het verbeteren van gedrag, kun je je kind helpen een gezinslid te worden dat zich beter gedraagt en prettiger in de omgang is.
Zowel goed als slecht gedrag ontwikkelt zich als gevolg van de beloningen die je kind ervoor ontvangt. Het komt voor dat ouders 'per

ongeluk' slecht gedrag van hun kind belonen en versterken. Patrick van drie lukt het regelmatig tot ver na zijn bedtijd op te blijven (een beloning) wanneer hij zijn ouders 'uitput' door stug door te gaan met zeuren en huilen. Wanneer het slechte gedrag van je kind door jou of andere mensen wordt beloond, zal dit gedrag sterker worden. Gedrag dat niet beloond wordt of wordt gecorrigeerd, zal afzwakken en de kans dat het in de toekomst opnieuw voorkomt, zal kleiner worden.

Houd je aan de volgende drie basale opvoedregels. Die regels *lijken* simpel! Het is nooit zo moeilijk te zien wat je vrienden verkeerd doen met *hun* kinderen. Maar als je deze regels probeert te gebruiken bij *jouw* kind, zul je ontdekken hoe moeilijk het is om consequent en effectief te zijn. Onthoud deze regels!

Drie regels voor het opvoeden van kinderen

Drie regels voor het opvoeden van kinderen

- Regel #1. Beloon goed gedrag (en doe dat snel en vaak).[1]
- Regel #2. Beloon niet 'per ongeluk' slecht gedrag.[2]
- Regel #3. Corrigeer bepaalde vormen van slecht gedrag (maar gebruik alleen *milde* vormen van correctie).

---

[1] Als gedrag wordt beloond, volgt op dat gedrag een 'positieve bekrachtiging', of kortweg 'bekrachtiging'.
[2] We gebruiken de term 'uitdoving' als gedrag dat vroeger beloond werd, niet langer wordt beloond. Uitdoving wordt ook 'niet bekrachtigen' van gedrag genoemd.

Regel #1 Beloon goed gedrag (en doe dat snel en vaak)

Leren praten, zichzelf aankleden, speelgoed delen en karweitjes doen; dit zijn voorbeelden van dingen die kinderen leren doordat ze, als ze die dingen doen, aandacht en andere beloningen krijgen van hun ouders en andere volwassenen. Als ouders doen we er goed aan gewenst gedrag van onze kinderen vaak en uitbundig te prijzen.

Een volwassene houdt het vol op zijn werk en krijgt in ruil daarvoor een salaris en erkenning van anderen. Geld en erkenning zijn krachtige beloningen voor werken. De meesten van ons zouden stoppen met werken als onze inspanning niet werd beloond. Beloningen vormen en bepalen ons gedrag en het gedrag van onze kinderen. Beloningen worden ook bekrachtigers genoemd, omdat ze gedrag versterken of 'bekrachtigen'.

Als je kind een beloning krijgt voor bepaald gedrag dat het vertoont, wordt dat gedrag versterkt of bekrachtigd. Dat betekent dat de kans groter wordt dat je kind dit gedrag in de toekomst opnieuw zal vertonen. Mensen herhalen gedrag waarvoor ze worden beloond. We blijven naar ons werk gaan, omdat we betaald krijgen. Als je kind zich gedraagt op een manier die jou bevalt, zorg dan dat je dat gedrag versterkt door het vaak te belonen. Wil je weten wat voor soort beloningen je moet gebruiken? Lees dan verder!

Sociale beloningen zijn heel effectief in het versterken van gewenst gedrag van zowel volwassenen als kinderen. Sociale beloningen zijn bijvoorbeeld een glimlach, een knuffel, een klopje, een kus, prijzende woorden, oogcontact en aandacht. Een knuffel of een vriendelijk woord is gemakkelijk om te geven. Dat is fijn, want kinderen hebben veel sociale beloningen nodig om gewenst gedrag van hun kant te versterken.

Sommige ouders zijn zuinig met het prijzen van hun kind en het geven van aandacht. Ze zeggen bijvoorbeeld dat ze het te druk hebben of dat hun kind goed gedrag hoort te vertonen zonder hiervoor beloond te worden. Ouders die zuinig zijn met hun glimlach, knuffels en prijzende woorden, realiseren zich niet hoeveel invloed het heeft als ze gewenst gedrag van hun kind regelmatig belonen. Als de vierjarige Emma haar kamer opruimt of jou helpt met karweitjes in huis, vertel haar dan dat je dat op prijs stelt. Doe je dat niet, dan wordt de kans dat ze je in de toekomst weer zal helpen, kleiner.

Een knuffel is een krachtige sociale beloning voor kinderen – en ook voor ouders.

Prijzen versterkt gewenst gedrag van je kind effectiever wanneer je specifiek gedrag prijst in plaats van het kind. Beschrijvend prijzen betekent dat je het gedrag prijst en niet het kind. Als je dochter haar kamer heeft opgeruimd, gebruik dan beschrijvend prijzen en zeg: 'Je kamer ziet er keurig uit en je hebt hem heel goed opgeruimd!' Die beschrijvend prijzende manier van praten is effectiever dan dat je zegt: 'Je bent een lieve meid.' Ontwikkel de gewoonte om het specifieke gedrag of de specifieke daden die je wilt versterken, te prijzen.

Tabel 1.1 Beloningen die kinderen fijn vinden		
sociale beloningen	activiteiten als beloning ook privileges	materiële beloningen
glimlach	kaartspelletje met moeder	iets uitkiezen in de supermarkt
knuffel	naar het park	bal
klopje	boek lezen met vader	geld
aandacht	samen koekjes bakken	boek
aanraken	laat opblijven om film te kijken op tv	springtouw
applaudisseren	vriendje op bezoek	ballonnen
knipoog	voetballen met vader	jojo
prijzende woorden	samen een spelletje doen	zaklantaarn
'keurig'	samen naar de pizzeria	extra lekker toetje
'goed gedaan'	spelen in de speeltuin	cd

Behalve *sociale beloningen* kun je je kind ook *materiële beloningen* geven en *activiteiten als beloning*, bijvoorbeeld een extra lekker toetje, een klein speeltje, wat muntgeld, een uitje naar de ijssalon, of je kunt samen met je kind een cake bakken. Sociale beloningen werken bij de meeste kinderen echter veel sterker dan materiële beloningen. En voor jezelf zijn sociale beloningen gemakkelijker te geven. Bedenk dat je zelf de grootste bron bent van de beloningen die je kind krijgt.

Wil een beloning effectief zijn, dan moet deze *onmiddellijk* na het gewenste gedrag van het kind worden gegeven. Als je dochter het vuil buiten zet, moet je haar direct nadat ze dit heeft gedaan, bedanken (ook als het haar normale taak is) – en hier niet een uur of langer mee wachten. We vinden het allemaal fijn om zo snel mogelijk beloond te worden voor goed gedrag. Bij materiële beloningen proberen kinderen vaak deze te krijgen *voordat* in plaats van *nadat* ze een karweitje hebben gedaan of het gewenste gedrag hebben vertoond. Gebruik je wel eens materiële beloningen, zorg dan dat je die pas geeft *nadat* het gewenste gedrag heeft plaatsgevonden. Als je je kind een activiteit of iets materieels geeft als beloning, voeg hier dan een sociale beloning aan toe.

Regel #2 Beloon niet 'per ongeluk' slecht gedrag

'Per ongeluk' slecht gedrag belonen
'Ik wil niet naar bed! Ik ben niet moe...'
'Stil nu maar! Je mag nog een half uur opblijven. Ik word gek van dat huilen en zeuren...'

Als je slecht gedrag van je kind per ongeluk beloont, wordt dat slechte gedrag versterkt en wordt de kans groter dat het in de toekomst opnieuw zal voorkomen. Ouders die het druk hebben of met hun gedachten ergens anders zijn, belonen hun kind ongewild vaak voor ongewenst of ongepast gedrag. *Als ouders slecht gedrag belonen, veroorzaken ze toekomstige problemen voor zichzelf en hun kinderen.* Dit is waarschijnlijk een van de opvoedfouten die ouders het meest maken.

Hoe Koen leert jengelen
Als de vijfjarige Koen aandacht van zijn moeder wil, begint hij te jengelen. Hij doet dat vooral op momenten dat moeder druk

bezig is. Moeder vindt dat jengelen zo onverdraaglijk dat ze ophoudt met waar ze mee bezig is, Koen een standje geeft omdat hij jengelt en dan vraagt wat er met hem aan de hand is. Koen heeft geleerd dat als hij echt aandacht van zijn moeder wil, hij eerst moet jengelen, het milde standje moet accepteren en daarna de aandacht van zijn moeder krijgt – een krachtige beloning voor de vijfjarige Koen. Moeder heeft Koen leren jengelen.

Kinderen leren ouders ook zich op een bepaalde manier te gedragen. Koen heeft zijn moeder geleerd hem aandacht te geven als hij jengelt. Als ze hem aandacht geeft, beloont hij haar door te stoppen met jengelen. Kinderen en ouders 'leren' elkaar zowel gewenst als ongewenst gedrag.

Jouw kind heeft misschien geleerd dat hij het moment kan uitstellen dat hij naar bed moet als hij gaat klagen, huilen en van streek raakt zodra jij zegt dat het bedtijd is. Is het je wel eens overkomen dat je dat klagen en huilen op een gegeven moment niet meer kon aanhoren, toegaf en hem langer hebt laten opblijven? Door toe te geven, heb je je kind onbedoeld beloond voor het huilen en van slag raken. Daarmee wordt de kans groter dat dit klagen, huilen en van streek raken in de toekomst vaker zullen voorkomen. Deze gedragingen zijn aangeleerd en beloond, net zo goed als gewenste gedragingen worden aangeleerd en beloond. Beloon slecht gedrag of gedrag dat je niet wilt, dus niet.

HET KIND MET DE STERKE WIL

Het kind met een sterke wil is ook een voorbeeld van het per ongeluk belonen van slecht gedrag door ouders waardoor dat gedrag een ernstig probleem kan worden. Toekijken hoe je kind huilt en een driftbui heeft, is akelig en kan je van slag brengen. Om een einde te maken aan dat aanhoudende gehuil en die driftbuien geven ouders en anderen uiteindelijk maar toe aan de eisen van het kind.

Het kind met de sterke wil leert op die manier anderen te dwingen om toe te geven aan zijn eisen door hen emotioneel van slag te brengen.[1]

Een kind met een sterke wil kan flink wat macht en controle krijgen over zijn ouders en anderen. Om zijn zin te krijgen kan het eindeloos doorgaan met drammen, zeuren, gillen en huilen of zelfs zijn ouders, broers en zusjes en leeftijdgenoten te lijf gaan. Pas als anderen het geven wat het wil, zal het ermee ophouden hun stress te bezorgen en hen emotioneel van slag te brengen. Met een grenzenloze energie en volharding dwingt het zijn ouders en anderen zijn slechte gedrag te belonen. Jij kunt het kind met een sterke wil echter helpen om zich beter te gaan gedragen, door de SOS-vaardigheden voor het aanpakken van kinderen te gebruiken.

Regel #3 Corrigeer bepaalde vormen van slecht gedrag (maar gebruik alleen milde vormen van correctie)

In sommige gevallen heb je *milde* correctie nodig om ongewenst of gevaarlijk gedrag te doen ophouden.

Je kind corrigeren doe je niet graag. Liever zou je goed gedrag belonen. *Milde* correctie op de juiste manier uitgevoerd, is echter vaak wel nodig om je kind te helpen. Je leert van het gebruik van *milde* correctie in de vorm van een standje, natuurlijke consequenties, logische consequenties, 'time-out' en straf. Gebruik echter geen *hardvochtige* correctiemethoden, zoals op grimmige toon uitgesproken dreigementen, sarcasme of het geven van corrigerende tikken. Daardoor worden gedragsproblemen vaak erger.

Zoë raakt haar fiets kwijt

Moeder zag dat de vierjarige Zoë met haar fietsje de straat op reed. Dat was tegen de regels en die regels waren al aan Zoë uitgelegd.

Moeder liep meteen naar buiten, de straat op, trok Zoë van haar fiets en gaf haar op strenge toon een standje. Moeder zei ook: 'Zoë, omdat je met je fiets de straat op bent gereden, mag

---

[1] Kinderen met ADHD (aandachtstekortstoornis met hyperactiviteit), antisociale gedragsstoornis of oppositioneel opstandige gedragsstoornis hebben vaak een uitzonderlijk sterke wil.

Het kind met een sterke wil
'Ik ben NU klaar om te gaan eten!'
Het kind met de sterke wil kan er heel vaardig en machtig in worden om zijn ouders, broers en zusjes en leeftijdgenoten te controleren. Het maakt daarbij gebruik van 'controle door pijn'.

> je er nu een week niet op fietsen.' De fiets werd weggeborgen. Pas na een week mocht Zoë weer met haar fiets naar buiten.

Vier opvoedfouten die je moet zien te vermijden

Volg de basale regels voor het opvoeden van kinderen die hiervoor zijn besproken. Vermijd verder de volgende vier opvoedfouten. Deze opvoedfouten kunnen bijdragen aan emotionele of gedragsproblemen bij kinderen. Ouders zijn net zo min als kinderen perfect, maar probeer het als opvoeder wel zo goed mogelijk te doen!

'Per ongeluk gedragsproblemen veroorzaken – vier opvoedfouten die je moet zien te vermijden

- Fout #1. Ouders laten na goed gedrag te belonen.
- Fout #2. Ouders corrigeren 'per ongeluk' goed gedrag.
- Fout #3. Ouders belonen 'per ongeluk' slecht gedrag.
- Fout #4. Ouders laten na slecht gedrag te corrigeren (wanneer *milde* correctie wel op haar plaats is).

Fout #1 Ouders laten na goed gedrag te belonen

Brian

Brian zit in groep zes. Vandaag heeft hij zijn rapport meegekregen en het is een goed rapport. Hij loopt ermee naar zijn vader. Vader zit in zijn gemakkelijke stoel de krant te lezen. Vader laat na zijn zoon te belonen voor de goede cijfers die hij op school heeft gehaald.

Brian: 'Ik heb best goede cijfers gehaald de afgelopen tijd. Wil je mijn rapport zien, pap?'

Vader: 'Jawel, maar laat me eerst even de krant uitlezen... Wil jij even aan mama vragen of ze vandaag de rekeningen heeft betaald?'

Fout #2 Ouders corrigeren 'per ongeluk' goed gedrag

Sara

De achtjarige Sara wil haar moeder verrassen door de afwas te doen. Moeder corrigeert haar onbedoeld.
Sara: 'Ik heb afgewassen, mam. Ben je niet blij?'
Moeder: 'Het wordt een keer tijd dat je gaat helpen met het huishouden. En hoe zit het met die pannen op het fornuis? Ben je die vergeten?'

Fout #3 Ouders belonen 'per ongeluk' slecht gedrag

Lotte

Lotte van zes jaar en haar ouders zijn aan het kamperen en zijn net terug op de camping met boodschappen voor de lunch. Moeder heeft het warm, ze heeft honger en ze is moe.
Lotte: 'Ik wil voor het eten gaan zwemmen.'
Moeder: 'Eerst gaan we eten en een dutje doen, en dan mag je gaan zwemmen.'
Lotte: 'Als ik niet mag zwemmen, ga ik huilen!'
Moeder: 'O, Lotte, alsjeblieft niet! Ga dan in vredesnaam maar eerst zwemmen.'

Fout #4 Ouders laten na slecht gedrag te corrigeren (wanneer milde correctie wel op haar plaats is)

Mark

Vader en moeder zitten in de huiskamer. Beiden kijken toe hoe de elfjarige Mark zijn jongere broertje impulsief in het gezicht slaat. Geen van beide ouders geeft Mark een standje vanwege zijn agressieve gedrag of maakt gebruik van een andere vorm van milde correctie.
Moeder: 'Ik wou dat je je zoon eens aanpakte.'
Vader: 'Zo zijn jongens nu eenmaal!'

Lichamelijke problemen kunnen bijdragen aan gedragsproblemen

Honger of oververmoeidheid kunnen het vermogen tot zelfbeheersing van je kind op de proef stellen en zijn slechte gedrag verergeren. Ook sommige lichamelijke aandoeningen kunnen de kans op gedragsproblemen vergroten. Als je vermoedt dat je kind een ziekte heeft, ga dan met hem naar de huisarts of kinderarts en laat hem onderzoeken.
Al kan een chronische aandoening bijdragen aan het slechte gedrag van je kind, blijf er toch aan werken om dat gedrag te verbeteren. Alle regels en methoden die in dit boek worden besproken, zijn honderd procent geschikt om ook kinderen met handicaps of andere lichamelijke problemen te helpen. In de volgende hoofdstukken zul je zien wanneer en hoe je de effectieve methoden kunt gebruiken om je kind te helpen met het verbeteren van zijn gedrag.

Belangrijke punten om te onthouden

- Zowel goed als slecht gedrag wordt versterkt als het wordt beloond.
- Beloon het goede gedrag van je kind snel en vaak.
- Voorkom dat je slecht gedrag van je kind beloont.
- Gebruik *milde* correctiemethoden om sommige gedragingen af te zwakken of te doen ophouden.

2 Heldere communicatie bevordert effectief opvoeden

Problemen waar gezinnen tegenaan lopen – slechte communicatie
Vader en moeder moeten goed met elkaar communiceren en het samen eens zijn over hun doelen.
Ouders moeten het met elkaar eens zijn over welk gedrag van hun kind wenselijk is en welk gedrag onwenselijk. Is dit niet het geval, dan kan bij het kind verwarring ontstaan over wat er van hem verwacht wordt, met als gevolg dat het zich slecht gaat gedragen.

Door helder en vaak met je partner te communiceren bevorder je een succesvolle opvoeding. Ook heldere communicatie tussen jou en je kind is van essentieel belang als je je kind wilt helpen zijn slechte gedrag te verbeteren. Voor goede communicatie is het nodig dat alle gezinsleden veel met elkaar praten en naar elkaar luisteren. Je kind heeft heldere communicatie, discipline en liefde van jou en je partner nodig.

Ouders moeten het eens zijn over hun doelen

Jij en je partner moeten samen bepalen welk gedrag van je kind goed of wenselijk is en welk gedrag slecht of onwenselijk. Jullie basiswaarden bepalen de doelen en standaarden voor gedrag die jullie voor jullie kind stellen. Beloon en versterk het goede gedrag van je kind en stop het onacceptabele gedrag of zwak dit af door het niet te belonen.

Ouders lossen problemen op
Heldere communicatie tussen vader en moeder is belangrijk.

Babypraat van Daan belonen en corrigeren

Als Daan van vier iets wilde hebben of gewoon aandacht wilde, gebruikte hij vaak 'babytaal'. Als hij dorst had, wees hij naar de kraan in de keuken en zij 'wawa'. Daans moeder vond die babytaal wel schattig en beloonde het vaak (door hem water te geven als hij 'wawa' zei). De vader van Daan ergerde zich aan die babytaal; hij gaf Daan er uitbranders voor en noemde hem een 'moederskindje'.
Daan werd dus beloond en gecorrigeerd voor het gebruiken van babytaal. Na een tijdje werd Daan steeds emotioneler en huilde hij vaker; zijn vader begon hij te ontlopen.

Het is niet eerlijk om een kind voor hetzelfde gedrag te belonen en te corrigeren, en dit kan tot leiden tot emotionele of gedragsproblemen. Ouders moeten samen beslissen welk gedrag wenselijk is en welk gedrag onwenselijk.

Ben jij een alleenstaande ouder, zorg dan dat je je doelen helder hebt en realistische verwachtingen stelt over het gedrag van je kind door regelmatig met een andere volwassene te praten die ook om je kind geeft. Misschien kunnen de grootouders of een oppas je behulpzaam zijn bij de opvoeding. Mocht dit het geval zijn, let er dan wel op dat jij en de degene die je steunt, het onderling eens zijn over de doelen en verwachtingen die jullie voor je kind stellen.

Gezinsregels vaststellen

Jij en je partner moeten gezamenlijk de regels bepalen waarvan je wilt dat jullie kind zich eraan houdt. Moedig waar mogelijk je kind aan deel te nemen aan het gesprek over het vaststellen of veranderen van regels. Als je kind je helpt een regel te formuleren, is de kans groter dat het zich er ook aan zal houden en is het minder waarschijnlijk dat het er een hekel aan zal hebben. Is een regel eenmaal vastgesteld, dan moet je er wel van uitgaan dat het zich eraan houdt. Je kind moet weten welke van zijn gedragingen jij op prijs stelt en welke gedragingen voor jou onacceptabel zijn. Natuurlijk moet je nooit tegen je kind zeggen dat het 'niet deugt'. Vertel echter wel welke gedragingen je als onacceptabel beschouwt.

De tweeling helpt bij het vaststellen van een regel
Bram en Luuk, een tweeling van vier, waren er dol op om met elkaar te ravotten en stoeien. Tot ze twee waren, was dat ravotten in huis geen probleem. Maar de jongens groeiden snel en het huis begon flink onder hun wilde spel te lijden.
Vader en moeder gingen met de jongens zitten en legden ze uit dat ze 'nu groter' waren en dat er een nieuwe regel nodig was. De jongens vroegen: 'Mogen we wel stoeien in de woonkamer als we het verder nergens doen?' De ouders stemden hiermee in en er was een nieuwe regel geboren: 'Nergens in huis stoeien – alleen in de woonkamer.'

Wanneer je een regel vaststelt, moeten je kinderen die regel goed genoeg kennen om hem als je ernaar vraagt te kunnen verwoorden. De ouders van Bram en Luuk hielpen hun tweeling de regel te leren door hem samen op te zeggen. Moeder of vader vroeg dan: 'Wat is de regel over stoeien?' En Bram of Luuk antwoordde: 'De regel is: nergens in huis stoeien, alleen in de woonkamer.' Hang bordjes op met belangrijke regels om de kinderen eraan te helpen herinneren.

Effectieve instructies en bevelen geven

'Wil je even je speelgoed opruimen' is een eenvoudig verzoek. 'Houd op met gooien met eten!' of 'Kom eens hier en hang die jas die je op de grond hebt gegooid, aan de kapstok!' zijn bevelen. Ouders van kinderen die niet luisteren, zijn vaak niet in staat hun kinderen heldere, nadrukkelijke instructies of bevelen te geven. Alle ouders, en vooral de ouders van kinderen die moeilijk hanteerbaar zijn, moeten in staat zijn heldere en effectieve instructies of bevelen te geven. Wanneer je gebruikmaakt van de 'time-out', een bijzonder effectieve correctiemethode, moet je tegen je kind kunnen zeggen: 'Ga onmiddellijk naar de time-out!'
Wanneer je leert bevelen te geven, hoeft dat helemaal niet te betekenen dat je als een sergeant die soldaten drilt, commando's moet gaan blaffen. Maar als jouw kind meestal niet luistert of zelfs brutaal tegen je is als je het een standje geeft omdat het niet luistert, wordt het tijd dat je in staat bent heldere, effectieve bevelen te geven en ook een stok achter de deur hebt voor het niet opvolgen ervan.
Wanneer geef je een bevel? Geef je kind een bevel als je wilt dat het *ophoudt* met een specifieke slechte gedraging *en* als je denkt dat het niet zal gehoorzamen als je dit gewoon vraagt. Geef ook een bevel als je wilt dat je kind iets bepaalds *wel doet* en je gelooft dat je kind je niet zal gehoorzamen als je dit gewoon vraagt.
Hoe geef je een bevel? Stel bijvoorbeeld dat je de woonkamer in loopt en je treft daar Laura, je moeilijk hanteerbare zevenjarige, die staat te springen op je nieuwe bank. Dan moet je meteen naar haar toe lopen, een strenge gezichtsuitdrukking aannemen, oogcontact maken en haar blijven aankijken. Noem haar bij haar naam en geef haar op ferme toon een helder, direct bevel. Zeg: 'Laura, springen op de meubels is tegen de regels. Ga van die bank af!' Je hebt haar nu een duidelijk bevel gegeven.

Geef duidelijke, expliciete bevelen in plaats van je vaag uit te drukken. De kans dat je kind luistert, is groter als je zegt: 'Kom hier en zet het speelgoed in de kast!' dan wanneer je vage bewoordingen gebruikt als: 'Doe eens iets aan al dat speelgoed!'

Stel geen vraag of geef geen indirect bevel, bijvoorbeeld door iets te zeggen als: 'Het is niet lief om op de bank te springen.' Zeg ook niet tegen Laura: 'Waarom spring je op de bank?' De kans bestaat dan dat ze alleen maar tegen je lacht en zegt: 'Omdat het zo leuk is!'

Geef ook geen redenen voor de regel terwijl het ongewenste gedrag plaatsvindt. Een regel uitleggen doe je voordat je kind de regel overtreedt of nadat het slechte gedrag is opgehouden. Zeg dus niet tegen Laura, die bezig is met springen op de bank: 'Je moet niet op de bank springen. Die bank heeft een hoop geld gekost. We zijn nog bezig met afbetalen. Straks schieten de veren los...' Zeg wel tegen Laura: 'Ga van die bank af!'

Nadat je je bevel hebt gegeven, zal Laura er waarschijnlijk voor kiezen naar je te luisteren en van de bank af gaan. Laten we er nu eens van uitgaan dat ze besluit je bevel niet op te volgen. Misschien wil ze je wel uitproberen en kijken wat voor stok je achter de deur hebt. Het is niet nodig haar op een heftige manier te corrigeren of hiermee te dreigen om je bevel kracht bij te zetten. Dit kan een ouder-kindprobleem dat al moeilijk genoeg is, nog ingewikkelder maken. Je beschikt over een heel simpele en effectieve stok achter de deur voor je bevel. Je hebt de 'time-out'! In deel twee van dit boek zullen we bespreken hoe je de time-out tijdens zo'n confrontatie kunt gebruiken – en hoe je dit kunt doen zonder in woede te ontsteken. Onthoud voor nu de volgende eenvoudige regels voor het geven van effectieve bevelen. Leer de stappen uit je hoofd en oefen ermee als dat nodig is.

Effectieve bevelen aan je kind geven

Stappen om te volgen
1. Ga dicht bij je kind staan.
2. Neem een strenge gezichtsuitdrukking aan.
3. Zeg zijn of haar naam.
4. Zorg dat er oogcontact is en blijft.
5. Gebruik een ferme toon.
6. Geef een direct, eenvoudig en helder bevel.
7. Ondersteun indien nodig je bevel met de time-out.

Kinderen hebben discipline en liefde nodig

Discipline betekent dat je je kind zelfbeheersing en beter gedrag leert. Zelfrespect en zelfbeheersing leert je kind doordat het van jou zowel liefde als discipline krijgt. We brengen onze kinderen discipline bij omdat we van ze houden en graag willen dat ze verantwoordelijke volwassenen worden, die het leven aankunnen. Een succesvolle opvoeder zijn vergt liefde, kennis, inspanning en tijd. Dit boek leert je de basisprincipes voor het veranderen van gedrag en praktische vaardigheden om je kind te helpen. Om je kind echt te kunnen helpen, moet je herhaaldelijk oefenen met die vaardigheden en moet je hier behalve liefde ook tijd en moeite in steken.

Een goed aangepast kind
Een kind dat als persoon en in sociaal opzicht goed is aangepast, voelt zich goed over zichzelf en anderen. Het gaat uit van 'IK BEN OKÉ' en 'JIJ BENT OKÉ'.
Een goed aangepast kind wordt door zijn ouders bemind en het wordt discipline bijgebracht. Het respecteert de rechten van anderen en verwacht dat anderen zijn rechten respecteren.

'Redenen' waarom ouders hun kinderen niet corrigeren

Er zijn verschillende redenen waarom ouders het uit de weg gaan om hun kinderen te corrigeren. Deze ouders doen er goed aan bij zichzelf na te gaan wat hen ervan weerhoudt hun kinderen te corrigeren en die weerstand vervolgens te overwinnen. Je kunt niet verwachten dat je kind zijn gedrag verandert als je niet eerst bereid bent je eigen gedrag te veranderen. Hierna een aantal redenen waarom ouders het soms moeilijk vinden hun eigen gedrag te veranderen.

DE HOPELOZE OUDER

Deze ouder heeft het gevoel dat zijn kind niet kan veranderen en zich altijd slecht zal blijven gedragen. Hij heeft het opgegeven met zijn kind.

'De vuilcontainer in en uit'

Het was het einde van de schooldag en de moeder van Kevin had net een gesprek gehad met de juf van groep drie. Tegen iedereen die maar wilde luisteren, klaagde de moeder van Kevin over het slechte gedrag van haar zoon. Maar haar zoontje corrigeren, probeerde ze niet eens.

Terwijl moeder en de juf van Kevin met elkaar in gesprek waren, was Kevin verderop in de gang aan het spelen met een grote vuilcontainer die openstond. De moeder zei: 'Ik krijg helemaal niets voor elkaar bij Kevin. Hij doet nooit wat er van hem verwacht wordt.'

Terwijl de moeder en de leerkracht met elkaar praatten en Kevin vanaf een afstand bleven observeren, klauterde Kevin de grote vuilcontainer in en uit!

De juf van Kevin zei: 'Ziet u wat Kevin aan het doen is? Hij klimt in de vuilcontainer!' Moeder antwoordde: 'Ja, zulke dingen doet hij nou altijd. Gisteren sprong hij nog in een modderpoel...'

Niet één keer gaf moeder Kevin een bevel zoals: 'Kom uit die vuilnisbak!' Niet één keer vroeg ze hem op te houden met waar hij mee bezig was. Nooit hielp ze Kevin actief om verbetering te brengen in zijn slechte gedrag. Moeder had het opgegeven met haar zoon.

DE NIET-CONFRONTERENDE OUDER

Deze ouder vermijdt de confrontatie met zijn kind. Hij verwacht niet echt dat zijn kind luistert en het kind heeft dit door. Soms is zo'n ouder bang de liefde van zijn kind te zullen verliezen als hij eisen aan hem stelt. Uitspraken als 'Ik haat je', 'Je bent een rotvader' of 'Ik wou dat ik een andere vader had' brengen deze ouder enorm van streek en verlammen zijn motivatie om het kind te corrigeren.

DE OUDER MET WEINIG ENERGIE

Deze ouder lijkt niet de energie te kunnen opbrengen die nodig is om een actief kind of een kind dat zich slecht gedraagt aan te kunnen. Soms is de moeder of vader een alleenstaande ouder met een fulltimebaan. Ook komt het voor dat de ouder lijdt aan een kortdurende of chronische depressie.

DE OUDER DIE ZICH SCHULDIG VOELT

Deze ouder geeft zichzelf de schuld van de problemen van het kind en voelt zich vooral schuldig als hij probeert zijn kind te corrigeren. Schuldgevoel weerhoudt hem ervan zijn zoon of dochter beter gedrag bij te brengen. Deze ouder wordt passief en laat alles toe.

DE BOZE OUDER

Veel ouders raken iedere keer dat ze hun kind corrigeren, van streek en worden boos. Aangezien ze hun kind niet kunnen aanpakken zonder boos te worden en van streek te raken en zich als gevolg daarvan ellendig te gaan voelen, negeren ze het wangedrag van hun kind maar. Gelukkig is er de time-outmethode, die je helpt rustig te blijven wanneer je je kind corrigeert.

DE OUDER DIE DOOR ANDEREN WORDT DWARSGEZETEN

Soms wordt een ouder die probeert zijn kind aan te pakken, dwarsgezeten door de partner. Als dit bij jou het geval is, blijf dan met je partner praten over de vraag wat wenselijke doelen voor je kind zijn. Ben je het eenmaal eens over acceptabele doelen, werk dan aan overeenstemming over geschikte correctiemethoden. Het komt

De ouder met weinig energie
'Waar haalt hij al die energie vandaan? In elk geval niet van mij. Ik ben constant moe en opgebrand – vooral als ik naar hem kijk...'

ook voor dat een vriend of familielid zich ermee bemoeit als je je kind corrigeert. Vaak is het zo dat dezelfde mensen die van streek raken als je je kind aanpakt, ook van streek raken als je dit niet doet! Laat je door anderen niet ontmoedigen om een succesvolle, zelfverzekerde ouder te zijn.

DE OUDER DIE ZELF PROBLEMEN HEEFT

Relatieproblemen, financiële problemen en andere moeilijke omstandigheden kunnen soms een zware last worden voor een ouder. De ouder heeft dan vaak onvoldoende energie, tijd en motivatie om zijn kind te helpen.
Een kind opvoeden en een gezin bij elkaar houden, is een moeilijke taak en een hele uitdaging. Een psycholoog of andere hulpverlener kan ouders helpen beter inzicht te krijgen in zichzelf en hun gezin en hun opvoedvaardigheden te verbeteren. In hoofdstuk 21 zie je waar je terecht kunt voor professionele hulp voor jezelf of je kind.

Belangrijke punten om te onthouden

- Ouders moeten het eens zijn over de vraag welk gedrag wenselijk is en welk gedrag onwenselijk.
- Communiceer helder met je kind.
- Zorg dat je duidelijke, effectieve bevelen kunt geven.
- Je kind heeft zowel discipline als liefde van jou nodig. Als iets je ervan weerhoudt je kind te corrigeren, ga dan bij jezelf te rade wat dit is en werk eraan om dit te veranderen.

3 Manieren om goed gedrag te bevorderen

'Dat is geweldig. Je leert je veters strikken!'
Aanmoediging, prijzende woorden en een liefdevolle aanraking versterken goed gedrag.

Weet je nog dat je een van je kinderen leerde veters strikken? Eerst liet je hem zien hoe het moest. Vervolgens vroeg je hem de eerste stap te proberen. Daarna vroeg je hem de volgende stap te proberen. Terwijl hij zich inspande om deze nieuwe vaardigheid onder de knie te krijgen, gaf je hem veel aandacht en aanmoediging. Zijn reactie was dat hij nog harder zijn best deed om jou een plezier te doen.

Jouw aanmoediging, onverdeelde aandacht, glimlach, knuffels, klopjes en goedkeurende woorden zijn bijzonder belangrijk voor je kind en versterken zijn gedrag. In dit hoofdstuk leer je verschillende manieren om je kind te belonen met als doel goed gedrag van hem te krijgen.

Net zoals het belangrijk is het goede gedrag van je kind te belonen, is het belangrijk *dat je nalaat slecht gedrag te belonen*. Als je gedrag ziet waarvan je niet wilt dat je kind ermee doorgaat, is één effectieve mogelijkheid dat je dit gedrag actief negeert.

Gebruik actief negeren

Actief negeren
'Ik zal blij zijn als hij klaar is met zijn driftbui. Ik heb die bloemen nu wel gezien...'
Goed zo moeder! Zij gebruikt actief negeren – ze trekt zichzelf en haar aandacht terug van haar kind dat zich misdraagt.

Actief negeren betekent dat je gedurende korte tijd je kind dat zich misdraagt totaal *geen aandacht geeft*. Door actief negeren zorg je ervoor dat je het slechte gedrag niet per ongeluk beloont met aandacht.[1] Deze methode is vooral goed om driftbuien van dreumesen en peuters te verminderen. Wanneer jij je kind, terwijl het een driftbui heeft, een standje of aandacht geeft, kun je dit gedrag daardoor ongewild belonen. Probeer actief negeren om dit driftige gedrag af te zwak-

[1] Door ongepast gedrag actief te negeren, volg je opvoedregel #2: Beloon niet 'per ongeluk' slecht gedrag. Het niet belonen van een bepaalde ongewenste gedraging wordt 'uitdoving' genoemd en het ongewenste gedrag zwakt hierdoor af.

ken. Als je kind zich op een veilige plek bevindt, loop dan de kamer uit en wacht tot de driftbui over is voor je teruggaat. Je kunt je ook omdraaien en net doen alsof je druk met iets anders bezig bent. Is het slechte gedrag eenmaal opgehouden, geef je kind dan veel aandacht. Let er ook op dat het slechte gedrag van je kind jou er niet toe brengt het een materiële beloning te geven (zoals een koekje voor het avondeten) of een beloning in de vorm van een activiteit (op een doordeweekse avond laat opblijven om een film op tv te kijken bijvoorbeeld).

Hoe gebruik je actief negeren? Houd je aan de punten in het onderstaande schema.

Actief negeren toepassen

Actief negeren bij sommige vormen van slecht gedrag

Richtlijnen om te volgen

1 Geef je kind korte tijd totaal geen aandacht.
2 Weiger ruzie te maken, een standje te geven of te praten.
3 Draai je hoofd om en vermijd oogcontact.
4 Laat geen boosheid blijken door je manier van doen of je gebaren.
5 Doe alsof je druk met iets bezig bent – of loop de kamer uit.
6 Verzeker je ervan dat het slechte gedrag je kind geen materiële beloning of een beloning in de vorm van een activiteit oplevert.
7 Geef je kind nadat het slechte gedrag is opgehouden, alle aandacht.

Actief negeren om de volgende ongewenste gedragingen af te zwakken

- Jengelen en pietluttig doen
- Pruilen en mokken
- Hard huilen om de ouders te manipuleren
- Luidkeels klagen
- Constant zeuren en dwingen
- Adem inhouden en driftbuien die niet te hevig zijn

Actief negeren helpt vaak om slecht gedrag te verminderen. Mocht dit echter niet werken, overweeg dan een van de andere methoden die in dit hoofdstuk en de volgende hoofdstukken worden beschreven.

Beloon alternatief goed gedrag

Als het ongewenste gedrag van je kind 'jengelen' is, is het alternatieve gedrag praten op een normale toon. Als je dochter normaal gesproken jengelt wanneer ze iets wil, prijs haar dan als ze om iets vraagt zonder te jengelen. Beloon het alternatieve gedrag om dit te versterken.[1]

Tabel 3.1 Goed alternatief gedrag belonen	
doelgedrag dat moet verminderen (gebruik actief negeren of milde correctie)	goed gedrag dat moet worden versterkt (gebruik aandacht en prijzende woorden)
1. jengelen	1. praten op normale toon
2. speelgoed afpakken	2. delen van speelgoed; ruilen speelgoed
3. driftbuien bij frustratie	3. zelfbeheersing bij frustratie
4. pesten	4. samen spelen
5. vloeken en grove taal gebruiken	5. geen grove taal gebruiken
6. slaan	6. problemen met woorden oplossen

Stel dat Chris, je zoon van vier, meestal driftig wordt als hij zijn zin niet krijgt – bijvoorbeeld als hij vlak voor het eten geen koekje mag. Let er dan de volgende keer dat je geen gehoor geeft aan een verzoek en hij zich wel beheerst, op dat je hem beloont door hem te prijzen. Zeg tegen hem: 'Chris, je hebt nu geen koekje gekregen, maar je hebt je toch goed gedragen. Ik ben heel trots dat je je gedraagt als een grote jongen. Na het eten mag je drie koekjes!'

Welk gedrag moet verdwijnen? Welk gedrag wil je wel? Wacht tot het goede gedrag optreedt. 'Betrap je kind er dan op dat het braaf is' en beloon hem. Als je kind niet lijkt te weten hoe het gewenste gedrag uit te voeren, bijvoorbeeld bij het delen van of ruilen van

---

1 Belonen om goed gedrag te versterken dat een alternatief is voor het ongewenste doelgedrag, wordt 'bekrachtigen van het alternatieve gedrag' genoemd of ook 'differentieel bekrachtigen van ander gedrag'.

speelgoed, leer hem dit dan. Het aanleren van gewenst gedrag aan je kind wordt in de volgende paragraaf besproken.

Help je kind met het oefenen van goed gedrag

Help je kind te oefenen met gedrag waarvan je wilt dat het het leert. Als je dochter bijvoorbeeld speelgoed van andere kinderen afpakt, vertel haar dan dat ze in plaats van speelgoed af te pakken ook speelgoed kan ruilen. Doe dit ruilen aan haar voor en help haar deze vaardigheid te oefenen.

Fleur die altijd speelgoed afpakt

Als de driejarige Fleur een speeltje wilde hebben waarmee haar babyzusje aan het spelen was, griste ze het vaak uit de handen van de baby. De ouders van Fleur lieten haar dat speelgoed dan niet houden, want daarmee zouden ze het afpakgedrag belonen. Toch ging Fleur ermee door.

Om zijn dochter te helpen veranderen, ontwikkelde haar vader een tweestappenplan. De eerste stap bestond eruit dat Fleur voor het afpakken van speelgoed een standje of een time-out kreeg.

De tweede stap was dat vader zijn dochter hielp om speelgoed te leren ruilen. Als Fleur een speelgoedauto van haar zusje wilde hebben, liet hij haar een ander speeltje zien en bood haar dan aan het te ruilen. Soms moest Fleur wel vier of vijf verschillende speeltjes aan haar zusje laten zien voor die ermee instemde te ruilen.

De vader van Fleur leerde haar de vaardigheid 'speelgoed ruilen' door dit eerst zelf voor te doen terwijl zij toekeek. Hij ruilde speeltjes met de baby. Daarna oefende Fleur in het bijzijn van haar vader met het ruilen van speelgoed met haar zusje. Als dit Fleur lukte, prees hij haar. Als Fleur echter speelgoed van haar zusje afpakte, gaf hij haar een standje of zette haar in de time-out

Fleur kreeg het speelgoed ruilen goed onder de knie en begon ook meer tijd te besteden aan samen spelen met haar zusje, met of zonder speelgoed. De vader van Fleur zwakte het afpakken van speelgoed af door dit mild te corrigeren. Hij leerde zijn dochter speelgoed ruilen als alternatief voor speelgoed afpakken.

Gebruik oma's regel

Gebruik 'oma's regel'[1] om je kinderen te helpen onplezierige karweitjes uit te voeren. *Oma's regel luidt: 'Als je klaar bent met dat karweitje mag je gaan spelen.'* Aan een onplezierig karweitje beginnen en dit afmaken, lukt gemakkelijker als we daarna iets leuks gaan doen.

Tabel 3.2 Het gebruik van oma's regel

als je	dan mag je
1. je rekenen af hebt	1. tv-kijken
2. hebt geholpen met de afwas	2. buiten gaan voetballen
3. je kamer hebt opgeruimd	3. met de spelcomputer spelen
4. een dutje hebt gedaan	4. gaan zwemmen
5. je spruitjes op hebt	5. een toetje
6. twintig minuten piano hebt gespeeld	6. naar je vriendinnetje

Draai oma's regel niet om. Een voorbeeld hiervan is als je zegt: 'Je mag nu tv-kijken als je belooft dat je vanavond je rekenhuiswerk maakt.' Als je dochter het maken van haar rekenhuiswerk altijd uitstelt omdat ze er een hekel aan heeft, wordt ze niet gemotiveerd om het af te maken door eerst tv te kijken. Dan zal ze ermee doorgaan het maken van haar rekenhuiswerk te vermijden. Ook zal ze zich schuldig of boos gaan voelen omdat het haar niet lukt haar rekenen af te krijgen. Kinderen worden niet geholpen om een taak af te krijgen door ze te laten beloven het straks te zullen doen of

---

1 Oma's regel wordt ook wel het principe van Premack genoemd.

door hen zich schuldig te laten voelen omdat ze het niet doen. Na afloop van de taak iets leuks doen, is een goede motivatie.

Je kind zover krijgen dat het iets gaat doen waar het een hekel aan heeft door oma's regel om te draaien, is moeilijk – dat is net zoiets als ergens achteruit naartoe rijden. Gebruik oma's regel dus op de juiste wijze.

Geef het goede voorbeeld

Ouders doen voortdurend gedrag voor dat hun kinderen zien. Je kind leert zich gedragen en misdragen door jouw gedrag en dat van anderen te imiteren. Laat je kind dus niet onbedoeld gedrag zien dat je van je kind niet graag zou zien.

Wanneer je gefrustreerd bent over een probleem of een conflict met iemand anders hebt, let je kind extra goed op je. *Door naar jou te kijken leert je kind hoe het in de toekomst met zijn eigen frustraties en conflicten met anderen zou kunnen omgaan.*

Als jij een hoop sarcasme en kritiek gebruikt in je omgang met andere mensen, leer je daarmee je kind een grote mond te hebben en te klagen als manier van omgaan met jou en andere mensen. Sommige kinderen leren door naar hun ouders te kijken dat mensen vloeken als ze zich pijn doen. Andere kinderen leren driftbuien aan doordat ze zien dat hun ouders de controle over hun emoties en gedrag verliezen. *Of je nu wilt of niet: je bent een rolmodel voor je kind! Wees dus een goed rolmodel!*

Ook door naar mensen op televisie en in films te kijken, leren kinderen hoe ze zich kunnen gedragen. In veel tv-programma's zie je dat mensen problemen en conflicten proberen op te lossen met agressie en geweld. Houd in de gaten naar wat voor tv-programma's en films je kinderen kijken. Zorg dat ze minder aan gewelddadige rolmodellen worden blootgesteld.

Wees een georganiseerde ouder

Zorg er, om een effectieve ouder te kunnen zijn, voor dat je goed organiseert en plant. Anticipeer op de behoeften van je kind, zodat je niet op slecht gedrag hoeft te wachten om aan zijn behoeften tegemoet te komen. Als je het laat gebeuren dat het slechte gedrag

Opvoedfouten die ouders maken
Je bent een voorbeeld voor je kind.
Doe alleen gedrag voor waarvan het geen kwaad kan dat het kind het imiteert.

van je kind je dwingt om aan zijn behoeften tegemoet te komen, beloon je ongewild het slechte gedrag.

Ga als je boodschappen doet met je kinderen terug naar huis voordat ze volledig uitgeput zijn. Als je kinderen in de kerk met elkaar gaan zitten klieren, geef ze dan geen standje en dreig niet. Ga gewoon tussen hen in zitten. En het is gewoon niet handig om een

Een chaos in huis
'Julia, ik moet ophangen, het loopt hier uit de hand met de kinderen!'
Soms is het een chaos in huis. In zo'n situatie wordt het wangedrag van de kinderen snel erger. Breng dan zo snel als je kunt weer orde in de chaos. Om een effectieve ouder te zijn, zijn niet alleen liefde en discipline nodig; het kost je ook een hoop tijd en veel planning.

lang telefoongesprek te gaan voeren vlak voor het eten als je kinderen hongerig zijn en met elkaar lopen te kibbelen. Als je 's avonds met je kind op visite gaat, zorg dan dat je niet pas uren na de normale bedtijd naar huis gaat.

Heldere gezinsregels, voorspelbare routines en consequent terugkerende dagelijkse activiteiten helpen je kind rijp gedrag te ontwikkelen. Vaste tijden voor opstaan en naar bed gaan, gezonde tussendoortjes – dit alles helpt je kind te anticiperen op wat er van hem verwacht wordt. Door je kind overdag minder tussendoortjes te geven, wordt het geholpen om tijdens de maaltijden zijn bord leeg te eten.

Je kinderen hebben, vooral als ze nog klein zijn, een hoop zorg en toezicht nodig. Als ouders hebben we eigenlijk pas 'vrij' als onze kinderen slapen en zelfs dan zijn we nog 'oproepbaar'. Voor drukbezette vaders en moeders is het moment 'dat de kinderen in bed liggen' een favoriet tijdstip van de dag.

Belangrijke punten om te onthouden

- Zorg ervoor dat je het goede gedrag van je kind *prijst* en *aanmoedigt*.
- Sommige slechte gedragingen kun je *actief negeren*.
- Als je een ongewenste gedraging hebt aangepakt, *beloon dan het alternatieve goede gedrag*.
- Help je kind te *oefenen met gedrag* waarvan jij wilt dat het het leert.
- Gebruik *oma's regel* om je kind te leren onplezierige karweitjes te doen.
- Wees een georganiseerde ouder. Stel heldere gezinsregels op, houd je aan voorspelbare routines en wees consequent in de dagelijkse activiteiten van je kind.
- *Wees een goed voorbeeld* voor je kind.

4 Wat is een time-out? Wanneer gebruiken ouders de time-out?

Een 'typische driftbui'
De time-out is vooral effectief voor het aanpakken van impulsief, moeilijk te hanteren gedrag, zoals driftbuien.

Vragen die ouders stellen

- 'Wat is een time-out?'
- 'Kan de time-out emotionele schade veroorzaken bij mijn kind?'
- 'Vanaf welke leeftijd kan ik mijn kind een time-out geven?'
- 'Welke slechte gedragingen van mijn kind kunnen door de time-outmethode worden verminderd?'

- 'Werken in bepaalde situaties andere methoden om mijn kind aan te pakken misschien beter? Om wat voor situaties gaat het dan?'

Time-out voor het avondeten

Na een lange dag op kantoor haalde Marjan haar vierjarige zoontje Justin op van de naschoolse opvang. Thuis aangekomen, begon ze met het eten. Marjan en Justin waren allebei moe en hongerig. 'Ik wil die koektrommel', zei Justin op eisende toon, en hij wees naar de geopende kast. Marjan antwoordde: 'Je mag een glas melk en twee crackertjes voor de ergste honger. Over een half uur is het eten klaar. En dan mag je koekjes als toetje...'

Ze zette de melk en de crackers voor Justin neer. Die antwoordde onmiddellijk: 'Ik hoef die stomme melk niet,' en gaf het glas melk een zwieper, waardoor het omviel en op de grond terechtkwam. Inwendig ziedend zei Marjan op strenge toon: 'Time-out! Je hebt het glas omgegooid. Wegwezen!'

Boos en in tranen stond Justin op en liep traag naar de time-outplek, een rommelkamertje aan het einde van de gang. Marjan pakte de kookwekker, stelde die in op vier minuten en zette hem neer bij de deur van de rommelkamer. Daarna ging ze terug naar de keuken.

Na vier minuten ging de kookwekker af. Justin verscheen weer in de keuken, pakte de twee crackers die op tafel lagen, en zette de tv aan. Een paar minuten later keek hij zijn moeder aan en zei: 'Moet je horen mam, bij mijn vriendje Roel hebben ze een jong hondje...'

Na het gebruik van de time-out was de moeder-zoonrelatie al snel weer normaal. Marjan hield zich in en pakte de driftbui van haar zoon, waarmee hij zijn zin probeerde te krijgen, snel aan.

Justin
'Ik hoef die stomme melk niet!'

Wat houdt een time-out in?

Sommige sporten, bijvoorbeeld basketbal, kennen de time-out als een korte onderbreking of schorsing van de wedstrijd voor de deelnemers. Als correctiemethode betekent de time-out voor je kind een korte onderbreking van zijn bezigheden.
Een time-out houdt in dat je je kind onmiddellijk nadat het zich slecht heeft gedragen, op een saaie plek zet waar het zich verveelt. Je kind blijft daar tot een wekker het signaal geeft dat het eruit kan komen. Per leeftijdjaar blijft het een minuut in de time-out.
Time-out betekent voor het kind time-out van beloningen, bekrachtiging, aandacht en interessante bezigheden. Je haalt je kind snel weg uit de versterkende of plezierige situatie waarin het ongewenste gedrag plaatsvindt en zet het gedurende korte tijd op een rustige, saaie plek, die in geen enkel opzicht bekrachtigend of prettig is. Door je kind in de time-out te zetten, voorkom je dat het na ongewenst gedrag aandacht of een andere beloning krijgt.[1]

---

[1] De time-out is zowel een methode van niet bekrachtigen als een milde correctie van ongewenst gedrag. De time-out is een effectieve methode voor het opvolgen van opvoedregel #2: Beloon niet 'per ongeluk' slecht gedrag, en regel #3: Corrigeer bepaalde vormen van slecht gedrag (maar gebruik alleen *milde* vormen van correctie), zie hoofdstuk 1.

Voordelen van het gebruik van de time-outmethode

- Vele soorten slecht gedrag worden door de time-out snel afgezwakt.
- De time-out helpt aan sommige soorten slecht gedrag een definitief einde te maken. In de plaats daarvan komt beter gedrag.
- De time-out is voor ouders gemakkelijk te leren en te gebruiken.
- Ouders vertellen dat ze zich minder boos en van streek voelen omdat ze een effectief middel bij de hand hebben.
- Ouders worden een rationeel en niet-agressief rolmodel voor hun kinderen.
- Na het gebruik van de time-outmethode is de ouder-kindrelatie snel weer normaal.

De time-out als correctiemethode heeft twee doelen. Het onmiddellijke doel is een snel einde aan het probleemgedrag te bewerkstelligen. Het doel voor de langere termijn is dat je je kind zelfdiscipline bijbrengt.

De time-out door de ogen van je kind

Kinderen vinden de time-out niet leuk omdat ze daar per direct een aantal dingen kwijtraken, al is het maar voor korte tijd en gaat het niet om grote dingen. Een kind dat in de time-out wordt gezet, raakt de aandacht van de rest van het gezin kwijt. Het raakt macht en controle kwijt en ook het vermogen om zijn ouders kwaad en van streek te maken. Het raakt de vrijheid kwijt om met zijn speelgoed te spelen en aan interessante activiteiten mee te doen. Aangezien de time-outmethode snel en definitief is, kunnen kinderen deze vorm van corrigeren minder goed ontlopen. Je kind zal meestal wel boos op je zijn *op het moment dat* het naar de time-out wordt gestuurd en *tijdens* het verblijf in de time-out. Maar die boosheid verdwijnt vaak snel als de time-out weer voorbij is.

Kinderen én volwassenen hebben er moeite mee hun gedrag te veranderen. Kinderen willen niet ophouden met hun lastige gedrag. Maar als ze met die probleemgedragingen doorgaan, kunnen ze

De time-out is effectief als methode om slecht gedrag te corrigeren, omdat kinderen er een hekel aan hebben naar de time-out te moeten. Veel kinderen hebben liever een heftige uitbrander dan dat ze korte tijd in de time-out worden gezet.

een time-out verwachten. Daardoor krijgen ze er minder moeite mee hun probleemgedrag op te geven! Vervolgens gaan kinderen op zoek naar andere manieren om in hun behoeften te voorzien. Wanneer die nieuwe gedragingen worden beloond, worden deze versterkt en wordt de kans groter dat ze in de toekomst opnieuw zullen voorkomen. Door de time-out worden de oude probleemgedragingen van je kind afgezwakt en wordt nieuw, acceptabel gedrag aangemoedigd om te voorschijn te komen.

Emotionele schade zal je kind van de time-out niet oplopen

Als de time-out correct wordt toegepast, is dit een veilige en effectieve methode om een einde te maken aan het slechte gedrag van je kind. De time-out helpt kinderen ook om over hun emotionele problemen heen te groeien. Er zijn geen aanwijzingen dat de time-out – op de juiste manier uitgevoerd – kinderen emotionele schade toebrengt.

Wel kunnen ouders verschillende fouten maken in de toepassing van de time-out. In hoofdstuk 6 wordt precies beschreven uit welke stappen de juiste toepassing van de time-out moet bestaan.

Je kind van twee tot twaalf

De time-out is geschikt voor kinderen van twee tot twaalf jaar oud. Op het moment dat je *begint* met het gebruiken van de time-out, moet je kind echter niet ouder dan elf jaar zijn. Voor oudere kinderen kun je andere methoden gebruiken, die verderop in dit boek worden besproken.

Zorg dat je het slechte gedrag zelf ziet

Het beste is het als je het slechte gedrag zelf ziet of hoort, zodat je het kind onmiddellijk naar de time-out kunt sturen. Het meest effectief is de time-out als je het kind er binnen tien seconden na het slechte gedrag heen stuurt. Deze snelle reactie is vooral belangrijk als je kind tussen de twee en vier jaar oud is.

Slecht gedrag komt terug! Ben je net een mogelijkheid misgelopen om met een time-out te reageren op slecht gedrag, heb dan geduld. Waarschijnlijk volgt er voor je het weet alweer een andere slechte gedraging!

Welke soorten probleemgedrag verdienen een time-out?

De time-out is effectief om steeds terugkerend wangedrag te corrigeren dat impulsief, agressief, emotioneel of vijandig van aard is.

Vergeleken met andere correctiemethoden is de time-out een van de meest effectieve methoden die beschikbaar zijn voor het beëindigen van zowel ernstige als milde vormen van probleemgedrag. Denk er echter wel om dat de time-out niet de enige methode is die je kunt gebruiken om iets te doen tegen deze categorie-A-gedragingen.

Categorie A – slechte gedragingen die een time-out verdienen

- Slaan
- Driftbuien
- Pesten van andere kinderen; provoceren van anderen
- Brutale mond tegen of tegenspreken van ouders en andere volwassenen
- Boos gillen en krijsen
- Speelgoed afpakken van een ander kind
- Gooien met speelgoed
- Speelgoed kapotmaken
- Andere mensen schoppen
- Bijten of dreigen met bijten
- Haren trekken
- Anderen bij de keel grijpen
- Anderen spugen of dreigen te spugen
- Gooien met modder, stenen of stokken naar andere mensen
- Slecht behandelen of pijn doen van huisdieren en andere dieren
- Irritant hard huilen 'bedoeld' om de ouders te straffen
- Meppen
- Knijpen
- Krabben

- Klikken
- Gevaarlijke dingen doen, bijvoorbeeld met een driewieler de weg op rijden
- Luidruchtig jengelen
- Anderen slaan met een voorwerp
- Door woord of gebaar anderen dreigen te slaan of pijn te doen
- Schelden en vloeken
- Iemand duwen op de trap
- Aan tafel met eten gooien
- Doelbewust meubels of andere huisraad beschadigen
- Ouders bespotten of proberen te vernederen
- Luidkeels zeuren of eisend gedrag vertonen na een waarschuwing
- Anderen uitjouwen of gekke gezichten tegen hen trekken
- Doorgaan met het in de rede vallen van volwassenen die een gesprek voeren, na een waarschuwing
- Ongehoorzaam reageren op een bevel om onmiddellijk met wangedrag op te houden

Herken jij gedragingen van je kind waar je een eind aan wilt maken als je deze boodschappenlijst van 33 soorten wangedrag doorleest? Ouders die de time-outmethode gebruikten, is het gelukt alle in de lijst genoemde slechte gedragingen te laten ophouden. Of jij een bepaalde gedraging wel of niet als slecht genoeg beschouwt om een time-out te rechtvaardigen, hangt ook af van je eigen waarden en van de doelen die jij en je partner voor je kind hebben.

De time-out is echter niet de oplossing voor al het probleemgedrag van kinderen. De time-out is *niet* geschikt voor gedragsproblemen van categorie B.

Categorie B – probleemgedragingen waarvoor je de time-out niet gebruikt

- Pruilen, mokken
- Prikkelbaarheid, stemmingen, humeurigheid
- Taken niet doen of vergeten
- Kleren en speelgoed niet opruimen

- Geen huiswerk maken of niet oefenen op muziekinstrument
- Hyperactief gedrag (gebruik de time-out *wel* voor agressief gedrag of als er dingen kapot worden gemaakt)
- Bangelijkheid
- Afhankelijk, timide of passief zijn
- Teruggetrokkenheid, alleen willen zijn
- Gedragingen die de ouder *niet* heeft gezien

Gebruik voor deze probleemgedragingen andere methoden. Voor gedragingen uit categorie B is de time-out *niet* effectief. Pruilen in stilte, zachtjes huilen en nasnikken kun je actief negeren (zie hoofdstuk 3).

Ouders vragen vaak of ze de time-out kunnen gebruiken om hun kind zover te krijgen dat het *begint* met tamelijk ingewikkelde taken, bijvoorbeeld: 'Ruim je kamer op' of 'Ga je huiswerk maken'. De time-out is effectief in *het stoppen van slecht gedrag*. Door je kind te dreigen met een time-out, moedig je het niet aan te *beginnen* met een taak die ingewikkeld en vervelend is. *De time-out doet gedrag stoppen, niet beginnen.* Om je kind zover te krijgen dat het begint aan een taak waar het een hekel aan heeft, kun je denken aan *oma's regel* (zie hoofdstuk 3), beloningen in de vorm van fiches die je kind kan inwisselen voor een beloning (zie hoofdstuk 14) of, voor oudere kinderen, een ouder-kindcontract (zie hoofdstuk 14).

Wanneer je er bij je kind op aandringt om een vervelend karweitje te doen, bestaat de kans dat het je een grote mond geeft of een driftbui krijgt. Gebruik de time-out voor het geven van tegenspraak of die driftbui. Als je aan dit storende gedrag een einde hebt gemaakt, kost het minder moeite je kind zover te krijgen dat het de vervelende taak gaat doen. Let erop dat je de inspanningen van je kind om met onplezierige taken te beginnen en deze af te maken, beloont.

Kies niet meer dan een of twee doelgedragingen

Jij en je partner moeten slechts een of twee gedragingen kiezen om de time-outmethode mee te beginnen. Deze gedragingen worden *doelgedragingen* genoemd omdat je doel is deze te veranderen. Gebruik de time-out consequent als je kind deze doelgedragingen vertoont. Gebruik de time-out in eerste instantie nog niet voor alle ongepaste of onacceptabele gedragingen van je kind. Dat kan erop uitdraaien dat het de hele dag in de time-out zit! Zodra het is gelukt om de eerste doelgedraging te verminderen, kun je een andere doelgedraging kiezen om aan te pakken.

Hoe ga je te werk bij het kiezen van een doelgedraging? Bekijk de lijst met slechte gedragingen van categorie A en kies een van deze gedragingen of een vergelijkbare gedraging die jouw kind vertoont. De gedraging moet telbaar zijn. Jou een grote mond geven en klikken over iets wat zijn broertje of zusje heeft gedaan, zijn voorbeelden van gedragingen die je kunt tellen.

Verzeker je er ook van dat het doelgedrag dat je kiest, vaak voorkomt. Als het gedrag niet minimaal één keer per dag voorkomt, krijg je onvoldoende ervaring met het gebruiken van de time-out. Als je voor het eerst aan de slag gaat met de time-outmethode zou je bijvoorbeeld twee doelgedragingen kunnen uitkiezen, een niet zo heel ernstige probleemgedraging en een wat ernstigere. Gebruik de time-out eerst voor de minst erge misgedraging, bijvoorbeeld klikken of plagen. Dat zijn gemakkelijke doelgedragingen om aan te pakken, omdat kinderen over het algemeen niet heel emotioneel of boos zijn als ze klikken of plagen.

Heb je eenmaal ervaring met het gebruik van de time-out, gebruik deze dan ook voor een belangrijke doelgedraging, bijvoorbeeld slaan of driftbuien. Deze gedragingen zijn meestal lastiger aan te pakken, omdat kinderen emotioneler of bozer zijn als ze deze gedragingen vertonen.

Gebruik de time-out herhaaldelijk voor de doelgedraging. Als je voor het eerst met de time-out begint te werken, gebruik deze dan iedere keer dat de doelgedraging zich voordoet. Normaal gesproken neemt de doelgedraging dan binnen een à twee weken met vijftig tot negentig procent af.

Tel hoe vaak de doelgedraging voorkomt

Het is een goed idee om, voordat je begint met het gebruiken van de time-out, bij te houden hoe vaak de doelgedraging voorkomt.

Kies een doelgedraging en gebruik de time-out regelmatig voor de doelgedraging
'Chips! Weer gepakt! Ik moet toch eens ophouden met mijn broertje te plagen. Ik kom iedere keer in de time-out. Ik ga iets anders leuks bedenken om te doen in plaats van mijn broertje plagen. Misschien kan ik een cd opzetten of naar een vriendje gaan...'
De time-out is *effectief* omdat deze een einde maakt aan slecht gedrag ('mijn broertje plagen') en er daardoor ruimte komt voor goed gedrag ('ik kan een cd opzetten of naar een vriendje gaan'). Gebruik de time-out herhaaldelijk om een einde te maken aan het doelgedrag. Als je kind beter gedrag laat zien, beloon dat dan.

Zodoende kun je, als je de time-out een poosje hebt gebruikt, zien in hoeverre het wangedrag is afgenomen.
Sommige ouders zetten een streepje op een kalender, een handige plek om het doelgedrag bij te houden. Een moeder zette bijvoorbeeld iedere keer dat haar dochter klikte, een streepje op de kalender. Dat deed ze niet de hele dag – ze hield het klikken alleen bij tussen het avondeten en bedtijd.
Als een kind merkt dat zijn ouders zijn gedrag op die manier bij-

houden, gebeurt er soms iets geks. Het doelgedrag neemt dan plotseling af zonder dat de ouder de time-out zelfs maar nodig heeft gehad.
Misschien lijkt het je vervelend om de doelgedraging bij te houden. Maar als je dit wel doet, krijg je een duidelijker beeld van hoe effectief je bent geweest in het verminderen van het slechte gedrag van je kind.

Belangrijke punten om te onthouden

- Time-out betekent voor je kind time-out van beloningen, bekrachtiging, aandacht en interessante bezigheden.
- Op de juiste manier gebruikt, veroorzaakt de time-out geen emotionele schade bij je kind.
- Kies een of twee onwenselijke doelgedragingen die door de time-out moeten verminderen.
- Gebruik de time-out *onmiddellijk* en *herhaaldelijk* nadat de doelgedraging is voorgekomen.
- Volg de stappen voor het gebruik van de time-out die in de hoofdstukken 6 tot en met 11 worden beschreven.

5 Belangrijke methoden om een einde te maken aan slecht gedrag

Problemen waarmee ouders worden geconfronteerd
Hoe zou jij met deze situatie omgaan?

Vragen die ouders stellen over het corrigeren van gedrag

- 'Moet ik milde correctie gebruiken om het slechte gedrag van mijn kind te corrigeren?'
- 'Welke soorten milde correctie zijn effectief in het verminderen van slecht gedrag?'

- 'Kan het gebruik van correctie bij mijn kind emotionele schade veroorzaken?'
- 'Waarom gaan mijn kinderen ermee door zich slecht te gedragen terwijl ik ze heb gecorrigeerd?'

Er zijn vijf verschillende typen milde correctie die je kunt gebruiken om je kind te helpen. Een van die methoden, de time-out, kost weinig tijd en is vooral effectief om een einde te maken aan steeds terugkerend slecht gedrag dat impulsief, explosief en moeilijk hanteerbaar is.

In andere hoofdstukken wordt stap voor stap beschreven wanneer en hoe je de time-outmethode kunt gebruiken. De time-out heeft echter ook een beperking. Als je de time-out gebruikt, moet je dat doen *onmiddellijk* nadat het slechte gedrag heeft plaatsgevonden. Wat doe je dan met ernstig wangedrag dat je pas na een paar minuten of zelfs een paar uur ontdekt?

Vier andere methoden zijn daarvoor effectief. Dit zijn:
1 een standje geven en je afkeuring laten blijken;
2 natuurlijke consequenties;
3 logische consequenties; en
4 straf.

In dit hoofdstuk worden deze methoden en de juiste toepassing ervan beschreven.

Zorg dat je deze verschillende methoden om het probleemgedrag van je kind te hanteren kent en gebruikt, dan word je een zelfverzekerde en competente ouder. Deze effectieve methoden zijn eenvoudig te leren! Als je verschillende manieren weet om een bepaalde slechte gedraging aan te pakken, wordt het een stuk gemakkelijker hiermee om te gaan.

Milde correctie kan een einde maken aan het slechte gedrag van je kind of dit afzwakken. Echter, alleen hiermee zorg je er niet voor dat je kind meer goed gedrag gaat vertonen. Zoals in eerdere hoofdstukken al werd benadrukt, moet je ook vaak *goed gedrag belonen*.

Correct gebruik van milde correctie

Houd je aan de volgende richtlijnen
1 Wees spaarzaam met het gebruik van correctie.
2 Gebruik alleen milde correctie.
3 Corrigeer snel nadat het slechte gedrag is opgetreden.
4 Corrigeer op een moment dat je jezelf in de hand hebt.
5 Leg in het kort uit waarom je corrigeert.
6 Vermijd fysieke correctie.

Een correctie is een onplezierige consequentie of straf die volgt op een gedraging. Verzeker je ervan dat je de juiste richtlijnen volgt als je correctie gebruikt.
Correct gebruik van milde correctie zal je kind emotioneel geen kwaad doen. En het is vaak onontbeerlijk om het gedrag te verbeteren. Te strenge correctie, sarcasme en grimmige dreigementen kunnen echter het gevoel van eigenwaarde en het welzijn van je kind aantasten. Kinderen die op een te hardvochtige manier worden gecorrigeerd, kunnen heel erg teruggetrokken worden of agressiever en opstandiger. Moeders en vaders die hun kinderen vaak op hardvochtige wijze corrigeren, laden meestal een zware schuld op zich.

Een rationeel en niet-agressief rolmodel zijn

Ouders die ten einde raad zijn, proberen hun kinderen vaak te corrigeren met irrationele dreigementen, zoals: 'Je krijgt de hele zomer huisarrest omdat je dit gedaan hebt!' of 'Als je nu niet... dan trek ik al je haren uit je hoofd!' Ouders die vaak een tik geven als methode om hun kind te disciplineren, realiseren zich meestal niet dat er diverse methoden van milde correctie bestaan die effectiever kunnen zijn in het veranderen van gedrag.
Denk erom dat je kind je gedrag zal imiteren. Als jij schreeuwt, irrationele dreigementen uit of een tik geeft, ben je dit gedrag aan het voordoen voor je kind zodat het het kan imiteren. Het kan gaan gillen, emotioneel van slag raken of proberen anderen fysiek 'aan te pakken'. Wanneer je de time-out gebruikt als correctiemethode, ben je een niet-agressief rolmodel voor je kind.

Problemen waarmee ouders worden geconfronteerd
'Mijn zus zei dat ik dat moest doen. Het is niet mijn schuld... Laat die straf maar zitten dit keer...'

Je taak als opvoeder is vaak stressvol en heftig. Soms kan je kind je doelbewust proberen boos te maken. Kinderen genieten ervan aandacht te krijgen en hun ouders te controleren door ze boos te maken en te emotioneel te laten reageren. Je kunt echter wel weerstand bieden aan de neiging boos te worden. Dat kun je echt! Gillen en schreeuwen, grimmige dreigementen uiten, sarcastisch worden, een tik geven, of andere vormen van heftige of ineffectieve correctie kun je vermijden. Laten we eens kijken naar de volgende methoden van disciplineren.

De juiste toepassing van standjes en afkeuring

De verdwenen koekjes

Moeder had zojuist ontdekt dat de zevenjarige Michelle ongehoorzaam was geweest en bijna alle koekjes met stukjes chocola had opgegeten die zij wilde bewaren voor bij de thee. Ze

Fouten die ouders maken bij het disciplineren van hun kinderen
'Dit zal je leren je te gedragen!'
'Dit zal je leren!'
Kinderen imiteren het gedrag van hun ouders. Door tikken te geven en te dreigen, leer je je kind agressieve methoden aan om anderen 'aan te pakken'.

> liep naar haar dochter en zei op strenge toon: 'Michelle, ik ben erg teleurgesteld dat je de koekjes hebt opgegeten. Ik wilde ze bewaren voor bij de thee. Nu hebben we er niet meer genoeg voor straks bij de thee.'

Michelles moeder maakt op de goede manier gebruik van afkeuring, een vorm van milde correctie die door ouders veel wordt gebruikt. Als je een standje geeft voor slecht gedrag, ga dan dicht bij je kind staan, kijk het in de ogen, wees streng, geef uitdrukking aan je gevoelens en benoem het ongewenste gedrag. Het is belangrijk dat je je zelfbeheersing niet verliest en dat je geen sarcastische of kleinerende opmerkingen maakt.

Wees kort en bondig en blijf kalm als je je kind een standje geeft. Sommige kinderen genieten ervan hun ouders tijdens een langdurige berisping van streek te zien raken. Zij vinden de extra aandacht die ze van hun moeder of vader krijgen, fijn, zelfs als die aandacht negatief is.

Problemen waarmee ouders worden geconfronteerd
Tegenspreken!
Een standje helpt niet alle kinderen om hun gedrag te verbeteren. Sommige kinderen gaan de strijd aan of tetteren terug van 'Ja maar jij...'

Als je wilt dat je kind zijn gedrag verbetert, waak er dan voor tegen hem te vitten en te klagen. Een voorbeeld van zo'n benadering is als moeder tegen Michelle zou zeggen: 'Ik ben kwaad dat je alle koekjes hebt opgegeten die ik had bewaard voor bij de thee. En dan nog wat: je haar zit ook weer voor geen meter en je hebt al je speelgoed in de huiskamer laten liggen. Je hebt nooit waardering voor wat ik voor je doe. En bovendien...' Vitten en klagen helpen je kind niet zijn gedrag te verbeteren en hebben een negatief effect op jullie relatie. Vit en klaag niet tegen je kind!

Denk erom dat je afkeuring toont voor het gedrag van je kind en niet voor het kind zelf. Bekritiseer zijn persoonlijkheid of karakter niet. Laat het weten dat je het als persoon nog steeds respecteert en dat je van hem houdt. In plaats van te zeggen: 'Je bent een rotmeid dat je je broer slaat!', zeg je: 'Het was gemeen om je broer te slaan!' Zeg niet: 'Je bent een stoute meid!', maar: 'Dat was stout wat je deed!' Als je een standje geeft, zorg er dan voor dat je het gedrag van je kind afkeurt en niet het kind zelf.

Een effectief moment om je afkeuring te laten blijken, is meteen als je kind het slechte gedrag vertoont. Een voorbeeld: je twee kinderen plagen elkaar eerst op een onschuldige manier, maar dit verandert al snel in pesten. Als je dit ziet, toon dan snel je afkeuring. Je kunt bijvoorbeeld zeggen: 'Ik vind dat plagen van jullie echt niet leuk. Een beetje plagen moet kunnen, maar bij jullie loopt het vaak op ruzie uit. Ik wil vanavond geen geplaag meer horen!'
Voor veel kinderen is afkeuring als enige methode van mild corrigeren normaal gesproken voldoende. Als jouw kind echter de gewoonte heeft boos te worden of je tegen te spreken wanneer je het een standje geeft, is een standje geen erg effectieve methode. Als het geven van een standje of het laten blijken van afkeuring niet effectief is, overweeg dan de time-out als een andere vorm van milde correctie.

Signalen dat standjes en afkeuring niet werken bij jouw kind

- Je kind spreekt je tegen, geeft je een grote mond, lacht je uit of gaat de strijd met je aan.
- Je kind glimlacht, negeert je of lijkt niet op te letten.
- Je kind krijgt een driftbui als het een standje krijgt.
- Je kind lijkt te genieten van de extra aandacht die het van je krijgt, zelfs al is dit negatieve aandacht.

Natuurlijke consequenties van slecht gedrag

Problemen waarmee ouders worden geconfronteerd
'Eens even kijken... Moet ik nu de time-out gebruiken of moet ik Kitty de natuurlijke consequenties laten meemaken?'

Een natuurlijke consequentie van het niet aantrekken van handschoenen op een koude dag is dat je koude handen krijgt. Nablijven op school of niet naar buiten mogen in de pauze is een natuurlijke consequentie van het niet maken van een huiswerkopdracht.
Een natuurlijke consequentie is een gebeurtenis die hoort bij of van nature volgt op slecht gedrag van een kind, tenzij jij ingrijpt om die consequentie te voorkomen. De correctie wordt gegeven door de 'natuurlijke loop der dingen' in plaats van door de ouders. Jij geeft je kind de mogelijkheid om de natuurlijke consequenties van zijn gedrag te ervaren, mits dit niet natuurlijk niet gevaarlijk voor het kind is.
Als de zesjarige Jay een vriendje plaagt, bestaat de kans dat zijn vriendje kwaad wordt en naar huis vertrekt. Dan blijft Jay zonder vriendje achter. Alleen zijn, is een natuurlijke consequentie van je vriendje plagen. Bekijk de verschillende voorbeelden van natuurlijke consequenties van slecht gedrag in het schema 'Natuurlijke consequenties van slecht gedrag laten gebeuren'.

Ouders die natuurlijke consequenties gebruiken, geloven dat kinderen hun gedrag leren te verbeteren als ze de ruimte krijgen op een natuurlijke manier te ervaren welke gevolgen hun beslissingen en daden hebben. Aangezien de correctie door de loop der dingen wordt gegeven en niet door de ouders, is de kans veel kleiner dat het kind boos wordt op zijn ouders omdat het wordt gecorrigeerd.

Tabel 5.1 Natuurlijke consequenties van slecht gedrag laten gebeuren

slecht gedrag	natuurlijke consequenties
1. ruw met een kat omspringen	1. gekrabd worden
2. doelbewust speelgoed kapotmaken	2. kapot speelgoed dat niet wordt vervangen
3. kinderen in de buurt plagen	3. kinderen uit de buurt ontlopen je
4. huiswerk niet maken	4. de volgende dag op school nablijven als de leerkracht daartoe beslist
5. geen handschoenen aantrekken op een koude dag	5. koude handen hebben
6. je haar niet kammen	6. andere kinderen zeggen dat je haar er niet uitziet
7. heel traag zijn 's ochtends voor het naar school gaan	7. te laat op school zijn en aan de leerkracht moeten uitleggen hoe dat komt
8. duwen en sjorren aan kinderen van dezelfde leeftijd	8. andere kinderen duwen en sjorren terug
9. achteloos drinken omgooien	9. geen nieuw drinken krijgen

Logische consequenties van slecht gedrag

Tabel 5.2 Logische consequenties van slecht gedrag toepassen	
slecht gedrag	logische consequenties
1. met een driewieler de weg op rijden	1. een week geen driewieler meer
2. kauwgom komt vast te zitten aan meubels, kleren of haren	2. vijf dagen geen kauwgom meer
3. vloeken aan de telefoon	3. drie dagen niet telefoneren
4. slecht behandelen van huisdier of weigeren het te verzorgen	4. na meerdere gesprekken en meerdere keren waarschuwen huisdier ander tehuis geven
5. weigeren om regelmatig de tanden te poetsen	5. geen snoep of frisdrank meer tot regelmatig tandenpoetsen wel is begonnen
6. broer en zus kibbelen en ruziën de hele ochtend	6. gezinsuitje naar park, gepland voor de middag, gaat niet door
7. geen groente eten bij het avondeten	7. geen toetje

Soms is het niet mogelijk natuurlijke consequenties te laten gebeuren, omdat dit gevaarlijk is voor je kind. De vader van de driejarige Tim kan zijn zoontje bijvoorbeeld niet op een natuurlijke manier laten ervaren wat er gebeurt als je met je driewieler de weg op rijdt. Vader kan hier wel *logische consequenties* gebruiken. Als Tim met zijn driewieler op onveilige plaatsen komt, verliest hij gedurende een bepaalde periode het privilege om erop te mogen fietsen. Vader kan de driewieler meteen afpakken en Tim een week lang verbieden erop te fietsen.

Als je *logische consequenties* gebruikt om probleemgedrag aan te pakken, *geef je een correctie voor het slechte gedrag*. Let erop dat er een logisch verband moet bestaan tussen het slechte gedrag en de consequentie. Uitgaand van het specifieke slechte gedrag is de correctie een logische of voor de hand liggende consequentie. Als je kind een duidelijk en redelijk verband ziet tussen het slechte gedrag en de correctie, wordt de kans groter dat het zijn gedrag zal veranderen. Ook zal het minder moeite hebben met de correctie en er minder boos over zijn.

Als je een logische consequentie toepast, is het wel belangrijk dat je niet kiest voor een logische consequentie die te hardvochtig is of te lang duurt. Voor een driejarige die met zijn driewieler de weg op rijdt, is de consequentie 'twee maanden geen driewieler!' bijvoorbeeld te hardvochtig. Als je boos of van streek bent over het gedrag van je kind, kun je in de verleiding komen een consequentie voor het gedrag te noemen die te extreem is. Als jij deze veelvoorkomende fout ook maakt, is er een eenvoudige oplossing! Vertel je kind gewoon dat je een te strenge consequentie hebt genoemd en dat je deze hebt afgezwakt.

Wat is het verschil tussen natuurlijke consequenties en logische consequenties? Natuurlijke consequenties *laat* je gebeuren (je kind breekt achteloos een stuk speelgoed en nu is zijn speelgoed kapot). Logische consequenties *pas je toe* (als je kind met zijn driewieler de straat op is gereden, berg je de driewieler weg).

Straf geven of een beloning inhouden bij slecht gedrag

Als je geen logische consequentie kunt bedenken voor een bepaalde ongewenste gedraging, overweeg dan een straf. Straf is een andere methode voor correctie die effectief is, maar mild. Je geeft een bepaalde straf (bijvoorbeeld een dag geen televisie kijken) na een bepaalde misdraging (bijvoorbeeld liegen tegen jou).[1] Deze straf hangt echter niet direct samen met het specifieke slechte gedrag. De straf bestaat uit het verlies van een bepaald privilege of het geven van een boete of opdragen van een extra taak waar je kind een erge hekel aan heeft. Een voorbeeld: iedere keer dat de negenjarige Evy haar hondje pijn doet, verliest ze de rest van de dag het privilege om haar cd-speler te gebruiken. Het tijdelijke verlies van haar cd-speler (de straf) hangt niet logisch samen met het pijn doen van haar hondje (het gedrag). Om een goede straf te kunnen

---

[1] Straf wordt ook 'response cost' genoemd, omdat een ongewenste respons (gedraging) het kind straf oplevert (of een beloning kost).

kiezen, moeten de ouders van Evy weten wat voor soort straf bij haar het beste werkt. 'Twee dagen niet fietsen!' werkt niet als Evy toch bijna nooit fietst.

Tabel 5.3 Het gebruik van straf voor slecht gedrag

gedrag	straf
1. klikken over andere kinderen	1. onmiddellijk drie keer moeten opschrijven: 'andere kinderen vinden het niet leuk als ik klik'
2. vloeken	2. 20 cent boete voor ieder lelijk woord
3. liegen tegen ouders	3. een dag geen televisie kijken
4. vechten met kinderen uit de buurt	4. twee dagen niet fietsen
5. aanhoudend plagen van kleine broertje	5. cd-speler en cd's worden één dag weggehaald
6. nalaten om voor vijf uur zijn kamer op te ruimen	6. die avond niet buiten spelen

Als je straf gebruikt om je kind te corrigeren, probeer dan de straf duidelijk te maken aan je kind voordat het slechte gedrag optreedt. De moeder van Evy kan bijvoorbeeld zeggen: 'Evy, papa en ik hebben het erover gehad hoe hardhandig jij met je hondje omgaat. Als je hem nog één keer pijn doet, mag je de rest van de dag niet meer met je cd-speler.' Moeder moet Evy het slechte gedrag en de straf hardop laten herhalen. Dit zal Evy eraan helpen herinneren lief voor haar hondje te zijn.
In de tabel 'Het gebruik van straf voor slecht gedrag' staan voorbeelden van situaties waarin ouders deze methode van milde correctie gebruiken.
In situaties waarin het niet praktisch is natuurlijke consequenties of logische consequenties te gebruiken om slecht gedrag aan te

pakken, kun je straf als methode overwegen. Waak er echter wel voor de straf te streng te maken of te lang te laten duren.

In de tabel 'Milde correctiemethoden' worden de vijf methoden van milde correctie die in dit hoofdstuk zijn beschreven, met elkaar vergeleken. Deze vijf methoden zijn de meest effectieve vormen van milde correctie die je kunt gebruiken. Om de verschillende soorten slecht gedrag met succes te kunnen aanpakken moet je al deze vijf methoden kennen en weten hoe je ze kunt toepassen.

De time-out is zeer effectief, maar alleen geschikt voor kinderen van twee tot twaalf jaar. Een andere beperking van de time-out is dat je deze moet gebruiken onmiddellijk nadat het slechte gedrag is opgetreden. Toch geven veel ouders aan dat de moeilijkste gedra-

Tabel 5.4 Milde correctiemethoden				
methode van milde correctie	leeftijd van het kind	effectiviteit van correctie	type gedraging dat wordt gecorrigeerd	hoe snel toegepast
time-out	twee tot en met twaalf	zeer effectief	meeste gedrag, vooral moeilijk te hanteren gedrag	onmiddellijk, indien mogelijk
standje geven of afkeuren	alle leeftijden	gemiddeld effectief	al het gedrag	onmiddellijk, of later
natuurlijke consequenties	alle leeftijden	effectief	bepaalde typen gedrag	onmiddellijk of later
logische consequenties: 'ik berg je stiften een week op!'	drie tot en met adolescentie	effectief	het meeste gedrag	onmiddellijk of later
straf: 'de rest van de dag geen tv!' of 'de rest van de dag niet fietsen!'	vijf tot en met adolescentie	effectief	het meeste gedrag	onmiddellijk of later

gingen van hun kind zich vlak voor hun neus afspelen. Vooral de time-out kan heel nuttig zijn om deze hardnekkige vormen van slecht gedrag aan te pakken.

De andere methoden van milde correctie kunnen worden gebruikt bij kinderen van allerlei leeftijden. Ook deze methoden zijn het meest effectief als ze direct na het optreden van het slechte gedrag worden gebruikt. Deze methoden zijn echter ook nog behoorlijk effectief als ze worden toegepast enkele minuten of soms nog een paar uur nadat het gedrag is ontdekt.

Zorg dat je niet te boos overkomt wanneer je je kind corrigeert. Je kind moet geloven dat het wordt gecorrigeerd omdat het zich slecht heeft gedragen en niet omdat jij boos bent.

Slecht gedrag is soms hardnekkig

Soms gaan kinderen door met hun slechte gedrag. Dit kan verschillende oorzaken hebben. De beloning die het kind voor het gedrag krijgt, kan bijvoorbeeld ruimschoots opwegen tegen de correctie. Denise kan klikken over haar broertje en ervan genieten dat hij daardoor in de problemen komt, ook al geeft haar moeder blijk van haar afkeuring over het klikken. In dit geval weegt de beloning voor Denise (haar broertje in de problemen brengen) ruimschoots op tegen de correctie (afkeuring).

Misschien heeft een kind geleerd dat het heel weinig risico loopt om daadwerkelijk te worden gecorrigeerd. Niels rooft misschien af en toe de koektrommel leeg, maar wordt maar zelden betrapt. Als hij wordt betrapt, dreigen zijn ouders alleen met een correctie, maar voeren die nooit werkelijk uit.

Soms vertonen ouders een bepaalde gedraging zelf – bijvoorbeeld vloeken – waarvoor ze hun kind corrigeren. Kinderen hebben de neiging het gedrag van hun ouders te imiteren, zelfs al wordt dit gedrag door hun ouders gecorrigeerd.

Wees als ouder consequent in het gedrag dat je beloont en het gedrag dat je corrigeert. Als je corrigeert, gebruik dan een correctie die zowel mild als effectief is.

Belangrijke punten om te onthouden

- De beste methode om wenselijk gedrag te krijgen, is door goed gedrag te belonen.
- Milde correctie helpt je kind te stoppen met slecht gedrag.
- Wees spaarzaam met het gebruik van correctie en gebruik alleen milde correctie.
- Zorg dat je als je correctie gebruikt een rationeel en niet-agressief rolmodel bent.
- De meest effectieve methoden van milde correctie zijn de time-out, het geven van een standje en laten blijken van afkeuring, natuurlijke consequenties, logische consequenties en straf (of het onthouden van een beloning).

Deel 2 Basisvaardigheden van de time-outmethode

De time-out is een krachtige methode om een einde te maken aan slecht gedrag. In dit deel leer je de basisvaardigheden die je nodig hebt om de time-out op de juiste manier te kunnen gebruiken. In ieder hoofdstuk wordt een afzonderlijk aspect beschreven van de time-out- en 10-10-methode. Bij vragen of problemen die te maken hebben met een bepaalde stap van de uitvoering van de time-out, kun je het hoofdstuk raadplegen waarin die stap wordt beschreven. In deze hoofdstukken worden aparte instructies gegeven voor de jongste kinderen, van twee tot vier jaar, en voor de oudere groep van vijf tot twaalf jaar.

Aangezien ouders altijd veel vragen hebben over de juiste toepassing van de time-out, heb ik veel voorbeelden en illustraties bijgevoegd. In deze hoofdstukken worden de belangrijke punten samengevat en herhaald. In het laatste hoofdstuk wordt je verteld hoe je de negen veelvoorkomende time-outfouten kunt vermijden. In dit hoofdstuk worden ook oplossingen aangedragen voor ouders die vermoeden dat hun kind niet zal meewerken aan de time-outmethode.

Aan de slag dus met de time-out!

Op www.bsl.nl/SOS kun je gratis 'Richtlijnen voor de SOS time-out' downloaden. Hierin wordt beschreven hoe je negen veelvoorkomende fouten met de time-outmethode kunt vermijden.

6 Beginnen met de time-out

'De wekker hebben we. Eens kijken wat de volgende stap is...'
Het is niet moeilijk om te beginnen met de time-outmethode.

Je kunt het! Je kunt je kind echt helpen om zijn gedrag te verbeteren. Door de time-outmethode te gebruiken kunnen jij en je partner als opvoeders meer succes boeken en meer zelfvertrouwen krijgen. In dit hoofdstuk wordt de time-outmethode in grote lijnen beschreven en worden de basisstappen beschreven die je nodig hebt om de time-out de eerste keer goed toe te passen. In andere hoofdstukken van dit boek worden deze stappen uitgebreider beschreven, zodat je ze eenvoudiger kunt toepassen.

Zet je kind als het de ongewenste doelgedraging vertoont – bijvoorbeeld slaan of een brutale mond hebben – meteen in de time-out. Zorg dat je niet meer dan *10 seconden en 10 woorden* nodig hebt om je kind naar de time-out te sturen. Per jaar van zijn leeftijd blijft het kind een minuut in de time-out.

Denk erom! 10 woorden of minder, 10 seconden of sneller om je kind erheen te krijgen en één minuut per jaar van zijn leeftijd. Door de time-outmethode te gebruiken in combinatie met de 10-10-methode, kun je consequent, eerlijk en effectief te werk gaan om je kind te helpen acceptabel gedrag te leren.

Stel iedere keer dat je je kind in de time-out zet, een wekker in op hetzelfde aantal minuten. Gebruik een kookwekker. Als je geen kookwekker hebt, schaf er dan meteen vandaag één aan! Ze zijn verkrijgbaar in de meeste warenhuizen en winkels voor huishoudelijke artikelen. De wekker houdt heel precies bij wanneer je kind uit de time-out mag en geeft een signaal als het zover is. *Geen kookwekker gebruiken is een van de door ouders meest gemaakte fouten bij het gebruik van de time-out.* In hoofdstuk 10 vind je een aantal redenen waarom een kookwekker noodzakelijk is.

De stappen van de time-outmethode en het aantal minuten in de time-out zijn altijd dezelfde, wat je kind ook heeft gedaan. Behalve effectief in het veranderen van slecht gedrag is de time-out ook gemakkelijk in gebruik. Je zult erachter komen dat de time-out naarmate je hem vaker gebruikt, steeds gemakkelijker wordt; dit in tegenstelling tot andere methoden om je kind te corrigeren.

Het voorbeeld van Roos toont hoe een moeder de time-outmethode begon te gebruiken en hoe dit leidde tot een enorme afname van het aantal 'brutale monden' van haar dochter.

'Time-out voor brutale mond'

Roos was een meisje van vijf dat er schattig uitzag met haar blauwe ogen en lange blonde haren. Ze was slim, assertief, praatte veel met zowel volwassenen als andere kinderen en was over het algemeen een lieve meid.

Roos had echter één slechte gewoonte. Ze was brutaal. Ze kon elk moment dat het in haar opkwam, ineens een brutale mond opzetten. Meestal deed ze dit als iemand probeerde haar zover te krijgen dat ze iets ging doen waar ze geen zin in had of haar ervan probeerde te weerhouden iets te doen wat ze wel wilde doen. Ze was brutaal tegen haar ouders, haar grootouders, andere familieleden, en ze gaf ook andere kinderen een grote mond. Zelfs de oppas klaagde erover tegen de ouders van Roos.

De vijfjarige Roos controleerde haar ouders door hen een brutale mond te geven. Hierdoor gingen zij zich hulpeloos en

Problemen waarmee ouders worden geconfronteerd
'Ik ben nog niet klaar met kleuren, DOMBO!'
Het aanpakken van een brutale mond en brutaal tegenspreken is een veelvoorkomend probleem waarmee ouders worden geconfronteerd.

boos voelen. En in het bijzijn van anderen geneerden ze zich. Als zij Roos een standje gaven omdat ze brutaal was, werd ze nog brutaler. Haar gedrag werd steeds erger.

De ouders van Roos hadden over de time-outmethode voor het corrigeren van kinderen gehoord en ze besloten deze methode te gebruiken om hun dochter te helpen. Het geven van een brutale mond was het 'doelgedrag'. Ze gebruikten de time-outmethode nu voor de vierde dag en Roos was al acht keer in de time-out gezet.

De moeder van Roos was aan het koken en dekte ondertussen de tafel voor het avondeten. Aan diezelfde tafel zat Roos te kleuren. Moeder had een stapel borden in haar handen en zei: 'Wil je je kleurpotloden en je kleurboek nu van de tafel afhalen!' Roos antwoordde: 'Ik ben nog niet klaar met kleuren, dombo!' De moeder van Roos reageerde direct met: 'Naar de time-out! Dat was brutaal! Time-out in de badkamer.' Roos stond op van tafel en liep naar de badkamer. Haar moeder zette de wekker op vijf minuten en zette hem voor de deur van de badkamer.

Vijf minuten later liep de wekker af. Toen Roos terugkwam in de keuken zei haar moeder: 'Roos, waarom moest je naar de time-out? Roos antwoordde: 'Omdat ik brutaal tegen je was.' Moeder antwoordde: 'Ja, omdat je brutaal was, moest je naar de time-out.' Vervolgens ging moeder verder met tafeldekken. Goed gedaan, moeder van Roos! Zij volgde met succes de basisstappen van de time-outmethode. Nadat het doelgedrag (brutale mond) was opgetreden, zette ze haar dochter direct in de time-out, stelde de wekker in op vijf minuten en zette die bij de time-outplek. Ze deelde geen tik of standje uit en ging ook niet tegen Roos tekeer. In plaats daarvan zette ze Roos gewoon in de time-out. Voor Roos betekende het geven van een brutale mond dat ze per direct, maar voor korte duur, een aantal dingen kwijt was. Ze kon niet meer kleuren, kreeg geen aandacht van haar moeder, en ze kon haar moeder ook niet meer controleren met haar brutale mond.

In de weken hierna kreeg Roos meerdere malen een time-out, en gaf ze veel minder vaak een brutale mond. Roos ontdekte betere manieren om tegen haar moeder en andere volwassenen te praten.

Basisstappen voor de *eerste* keer dat je de time-out gebruikt

Een draagbare wekker is onontbeerlijk voor een effectieve time-out!

Stappen om te volgen
1 Kies een doelgedraging waarvoor je de time-out gaat gebruiken (hoofdstuk 4).
2 Houd bij hoe vaak deze gedraging voorkomt (hoofdstuk 4).[1]
3 Kies een saaie plek voor de time-out (hoofdstuk 7).
4 Geef je kind uitleg over de time-out (hoofdstuk 8).
5 Wacht geduldig tot de doelgedraging optreedt (hoofdstuk 9).

De doelgedraging treedt op!

6 Zet je kind in de time-out en gebruik hierbij niet meer dan 10 woorden en 10 seconden (hoofdstuk 9).
7 Pak de kookwekker, stel deze in op het aantal minuten dat overeenkomt met de leeftijd van je kind en plaats de wekker binnen gehoorsafstand van je kind (hoofdstuk 10).
8 Wacht tot de wekker afgaat – geef je kind terwijl het wacht op het signaal van de wekker, geen enkele aandacht (hoofdstuk 10).
9 Is de wekker afgegaan, vraag je kind dan waarom het naar de time-out is gestuurd (hoofdstuk 11).[1]

Let er voor je met de time-out begint op dat je goed gedrag van je kind vaak beloont. En waak ervoor het gedrag dat je met de time-out wilt aanpakken, onbedoeld te belonen.

In hoofdstuk 4 leerde je hoe je een doelgedraging kunt kiezen

---

1 De stappen 2 en 9 zijn belangrijk, maar niet onontbeerlijk.

waarvoor je de time-out gaat gebruiken. Gebruik de time-out iedere keer dat deze doelgedraging optreedt en niet alleen op momenten dat je er boos om wordt. Als je je precies houdt aan de basisstappen voor het gebruik van de time-out, zou er binnen een of twee weken een duidelijke vermindering van het doelgedrag te zien moeten zijn.

Begin pas met het gebruiken van de time-out nadat je de hoofdstukken 7 tot en met 11 hebt gelezen. In deze hoofdstukken worden alle stappen van de time-outprocedure beschreven en worden voorbeelden gegeven. Ook worden verschillende instructies voor verschillende leeftijden gegeven, zodat je je werkwijze kunt aanpassen aan de leeftijd van je kind.

Het is een goed idee om ook hoofdstuk 12 nog te lezen voor je de time-out voor het eerst gaat gebruiken. In dit hoofdstuk worden veelvoorkomende fouten en problemen beschreven die ouders soms tegenkomen als ze de time-out gebruiken.

Belangrijke punten om te onthouden

- Gebruik de *time-out-* en de *10-10-methode*. Gebruik niet meer dan 10 woorden en 10 seconden wanneer je je kind naar de time-out stuurt.
- De time-out duurt één minuut per jaar dat je kind oud is.
- Gebruik altijd een draagbare wekker die rinkelt, bijvoorbeeld een kookwekker.
- Volg de basisstappen voor het gebruik van de time-out.

7 Een saaie plek kiezen voor de time-out

'Wedden dat mijn zusje die hier niet in hoeft, lol aan het maken is...'
Voor kinderen van vijf tot twaalf jaar is de badkamer een goede plek voor de time-out.

Een ideale plek voor de time-out is een saaie plek of een kamer waar je kind geen enkele aandacht van jou of de andere gezinsleden krijgt. Je kind moet deze plek snel kunnen bereiken, liefst binnen tien seconden.
Wat is in jouw huis de beste plek voor de time-out? Bekijk de kamers en plekken in je huis goed en kies een plek die veilig is en saai voor je kind – een plek waar niets interessants te zien of te doen is. Welke plek je kiest, hangt af van de leeftijd van je kind. *Voor kinderen tussen de twee en vier jaar is een time-outstoel het meest geschikt. Voor een kind tussen de vijf en twaalf jaar kies je een aparte kamer.* Je zult de

time-out steeds opnieuw gebruiken, probeer daarom een paar verschillende plekken en bekijk welke plek het beste werkt.

Kenmerken van effectieve time-outplekken

- Een saaie plek waar het kind zich verveelt.
- Geen mensen; gescheiden van andere gezinsleden (houd heel jonge kinderen voor de veiligheid wel in het zicht).
- Geen speelgoed, televisie, stereo, boeken, knuffels, huisdieren en interessante voorwerpen.
- Veilig, goed verlicht en niet eng.
- Het kind kan er met gemak binnen tien seconden zijn.

Time-outplekken voor kinderen van twee tot vier jaar

Jim en de time-outstoel

De driejarige Jim speelde al een kwartier lief met zijn autootjes! Nu wilde hij aandacht van zijn moeder, maar die zat aan de keukentafel koffie te drinken met de buurvrouw.
Jim droeg een grote speelgoedvrachtwagen naar zijn moeder en zei: 'Nu moet je met mij spelen.' Zijn moeder antwoordde: 'Jim, als de buurvrouw en ik klaar zijn met praten, kom ik met jou spelen.' 'Nee, nu spelen!', beval Jim. Toen tilde hij de vrachtwagen op en liet die neerkomen op de knie van zijn moeder. 'Au! Time-out omdat je slaat!', antwoordde moeder. Meteen droeg ze Jim naar een hoge rechte stoel aan de andere kant van de kamer. Ze stelde de kookwekker in op drie minuten en zette die op ongeveer twee meter afstand van de stoel van Jim op de grond. Jim begon te huilen en te schreeuwen en hield daar niet mee op.
Aan de geschrokken buurvrouw legde moeder uit: 'Ik heb er veel problemen mee gehad dat Jim me slaat als hij zijn zin niet krijgt. Het gebeurde meerdere keren per dag dat hij me sloeg of probeerde te slaan. Toen ben ik een time-outstoel gaan gebruiken waar hij op moet als hij heeft geslagen. Dit is de eerste

keer in meer dan twee weken dat hij me weer slaat. Perfect is zijn gedrag niet, maar die time-outstoel helpt hem echt zich te beheersen en het slaan te laten.'

'Wèh! Ik zal het niet meer doen! Ik wil eraf!'
Voor dreumesen en peuters is een grote eetkamerstoel een geschikte time-outplek.

Als je kind tussen de twee en vier jaar oud is, is een hoge rechte stoel een ideale plek voor de time-out. Zo'n stoel is veiliger dan een aparte kamer. Een hoge stoel is saai en vervelend, je hebt hem altijd bij de hand en hij beperkt je kind in zijn bewegingsvrijheid en bezigheden. Bovendien zal je kind er moeite mee hebben snel van zo'n stoel af te komen. Een kleine stoel kan een boos klein kind gemakkelijk omgooien, maar met een grote stoel gaat dit moeilijker. Gebruik als time-outplek niet een schommelstoel, de kinderstoel van je kind, de bank, de box of het bed van je kind.
Je kunt de time-outstoel in dezelfde ruimte zetten waar je zelf bent, in de kamer ernaast of in de gang. Voor de veiligheid van je kind moet je wel een oogje in het zeil kunnen houden, maar alleen vanuit je ooghoeken. Maak geen oogcontact met je kind. Je kind moet voelen dat je hem tijdens deze korte time-out negeert. Zorg dat hij

je er niet op betrapt dat je naar hem kijkt. Een manier om te vermijden dat je je kind aandacht geeft, is door te doen alsof je een tijdschrift of de krant leest.

Til je dreumes snel op de time-outstoel. Zet vervolgens de wekker op zeker anderhalve meter afstand van de time-outstoel. Als de wekker is afgegaan, til je je kind van de stoel af of zeg je dat hij er af mag komen. In hoofdstuk 12 wordt beschreven wat je kunt doen als je denkt dat je kind misschien gaat proberen te 'ontsnappen' uit de time-out.

Je kind mag op zijn billen of knieën op de stoel zitten, maar er niet op staan of springen, of met zijn voeten de grond raken. Sommige kinderen krijgen een driftbui op de stoel. Zorg er dan voor dat de stoel niet binnen sla- of schopafstand van de muur staat of vlak bij gevaarlijke of kostbare voorwerpen. Als je denkt dat je kind van de hoge rechte stoel af kan vallen, zet de stoel dan op een zacht vloerkleed.

Sommige ouders zetten de time-outstoel in een hoek van de kamer, naar de muur gericht, en laten hun kind naar de muur kijken. Je kunt de stoel wel bij een hoek zetten. Maar verlang niet van je dreumes of peuter dat het naar de hoek of de muur kijkt. Dan ben je constant bezig om je kind zover te krijgen dat het in de gewenste richting kijkt. Met eisen dat het naar de muur kijkt, geef je je kind een hoop aandacht. Eisen dat je kind naar de muur kijkt, is ook overdreven streng. Laat je kind de kant op kijken die het wil. Eis echter wel dat het op zijn billen of knieën op de stoel blijft zitten. Het mag geen speelgoed, poppen of huisdier meenemen naar de time-out en het mag vanaf zijn stoel geen televisie kunnen kijken. Zeg tegen broertjes of zusjes dat ze het kind niet mogen lastigvallen of tegen hem mogen praten. Waarschuw ze dat als ze dat wel doen, zelf op een andere stoel zullen worden gezet voor een time-out! Soms roept je kind je vanaf zijn stoel en vraagt het om aandacht en geruststelling. Misschien zegt het dat je een 'stoute mama' bent of dreigt het 'van huis weg te lopen'. Negeer je kind dan actief, geef geen antwoord en maak geen oogcontact. Antwoord geven en naar je kind kijken, zijn vormen van aandacht en maken de time-out minder effectief. Bied weerstand tegen je schuldgevoel of het feit dat je je rot voelt terwijl je dochter op de stoel zit. De time-out duurt tenslotte maar twee tot vier minuten en is dus zo weer voorbij!

Sommige ouders zetten hun peuter liever op de vloer in de hoek van een rustige kamer of in een half verlaten gang dan op een time-outstoel. Als je kind heeft geleerd op een bepaalde plek op de vloer

Fouten die ouders maken met de time-out
'Zo erg is het nu ook weer niet in de time-out!...'
Hoeveel time-outfouten zie je?

te blijven zitten, kan dat een geschikte plek zijn voor de time-out. Wijs dan echter wel aan waar het precies moet gaan zitten.

Time-outplekken voor kinderen van vijf tot twaalf jaar

Kinderen van vijf tot twaalf jaar moeten tijdens de time-out in een aparte kamer worden gezet. Een ouder kind kan veiliger alleen worden gelaten in een time-outruimte dan een peuter of dreumes die goed in de gaten moet worden gehouden.
Er zijn verschillende goede time-outplekken in je huis, bijvoorbeeld de badkamer, de ruimte waar de wasmachine staat, de ouderlijke slaapkamer of een leeg werkkamertje of lege gang. In de meeste huizen is de badkamer de beste plek voor de time-out. Wel kan dit enig ongemak voor de andere gezinsleden met zich meebrengen. Maar samenleven met een probleemkind bezorgt de rest van het gezin nog meer ongemak! Aanvankelijk lijkt je kind zich misschien te vermaken door met water te spelen of papieren vliegtuigjes te vouwen van wc-papier. Misschien zegt je kind zelfs dat hij het naar zijn zin heeft in de time-out, om jou te ontmoedigen om die te ge-

Een time-outplek op de vloer
'Die wekker is vast kapot. Ik denk niet dat hij ooit nog afgaat...'
Voor heel jonge kinderen kan een plek op de vloer een geschikte time-outplek zijn.

bruiken. Al snel zal hij echter genoeg krijgen van de time-out. Een kind dat in de time-out wacht, zegt vaak dat het naar de wc moet. Als hij al in de badkamer is, is dat in elk geval geen probleem! De badkamer is een prima plek voor de time-out.
Zorg er, voordat je de time-out voor het eerst gebruikt, voor dat de time-outruimte hier klaar voor is. Behalve saai en ontdaan van interessante voorwerpen moet deze ruimte ook veilig zijn. Voorwerpen die gevaarlijk kunnen zijn, bijvoorbeeld glas, scherpe voorwerpen, medicijnen of chemische schoonmaakmiddelen, moeten verwijderd worden. Is je kind eenmaal aan de time-out gewend, dan kun je de meeste van die spullen wel weer terugzetten. Zet de wekker op ongeveer een meter van de deur, zodat je kind hem kan horen tikken en hoort rinkelen als hij afgaat.

Gebruik de eigen slaapkamer van het kind niet voor de time-out

De slaapkamer van je kind lijkt misschien de 'handigste' plek voor de time-out. Echter, de time-out werkt niet als je deze kamer gebruikt. De time-outruimte moet een saaie plek zijn waar het kind

Time-out in de ouderlijke slaapkamer
'Waarom heeft papa me hierheen gestuurd? Alleen omdat ik een driftbui had?'

zich verveelt en waar dus niet interessants te doen of te zien is. Zorg ervoor dat je succesvol bent met de time-out en geef dus niet toe aan de verleiding de kamer van je kind ervoor te gebruiken.

De kamer van Bram als time-outplek

De ouders van Bram beklaagden zich erover dat de time-out niet werkte en dat het gedrag van hun zoon er niet door veranderde. Gevraagd hoe ze te werk gingen met de time-out, vertelden vader en moeder dat de plek waar Bram heen werd gestuurd voor de time-out zijn eigen kamer was, waar een radio, stereo, televisie, videogames, computer, zijn lego en zijn andere speelgoed stonden. In zo'n time-outruimte zouden niet alleen kinderen, maar ook veel ouders zich prima vermaken!

Als het kind in de time-outruimte is, kan het daar doen wat het wil, zolang het geen puinhoop maakt of dingen kapotmaakt. Als het wel rommel maakt, bijvoorbeeld door spullen op de grond te gooien of met water te knoeien, moet het die rommel opruimen.

Als het iets kapotmaakt, moet het meebetalen aan de schade. In hoofdstuk 12 worden effectieve methoden beschreven om dergelijk verzet tegen de time-out, dat af en toe voorkomt, eenvoudig aan te pakken.

Gebruik geen beangstigende ruimte voor de time-out

'Draco de draak!'

Een paar jaar geleden begeleidde ik de ouders van Danny, een jongen van vijf. Danny was een actieve en moeilijk hanteerbare jongen. Hij pakte vaak speelgoed af van zijn zusje en sloeg haar regelmatig.

We besloten de time-out in te zetten voor het slaan en het afpakken van speelgoed. De afspraak was dat de ouders van Danny hier de komende week over zouden spreken, maar dat ze zouden wachten met het gebruik van de time-out tot onze volgende afspraak een week later. Toen we elkaar een week

Fouten die ouders maken met de time-out
'Time-out met Draco de Draak!'

later weer zagen, hoorde ik tot mijn verbijstering dat de ouders hadden geprobeerd Danny bang te maken met de time-out.
Ze vertelden Danny dat als hij zijn kleine zusje sloeg of speelgoed van haar afpakte, hij naar de kelder moest voor een time-out. En ze vertelden Danny dat in die kelder een draak woonde die Draco heette! Hierop werd Danny hysterisch, hij beloofde braaf te zijn en smeekte zijn ouders hem niet naar de kelder te sturen.
De ouders van Danny merkten hoe bang Danny was en hielden weer op met dreigen met hem naar de kelder te sturen. Ze vertelden hem ook dat het niet waar was dat er in de kelder een draak woonde.

De time-out mag nooit beangstigend zijn. De kans is groot dat een beangstigende plek voor de time-out tot emotionele problemen bij het kind leidt. Het doel van de time-out is niet om een kind bang te maken, het doel is dat het kind zich in de time-out *verveelt*.

Belangrijke punten om te onthouden

- Een time-outruimte moet een saaie, veilige ruimte zijn waar het kind snel kan zijn en waar het zich verveelt.
- Gebruik voor kinderen van twee tot vier jaar een hoge rechte stoel.
- Stuur kinderen van vijf tot twaalf jaar naar een andere kamer voor hun time-out.
- Gebruik nooit de eigen slaapkamer van het kind voor de time-out. Als je dat doet, werkt de time-out niet.

8 Uitleg aan je kind geven over de time-out

'En als deze wekker afgaat, mag je eruit...'
Vader en moeder geven uitleg over de time-out.

Jij en je partner hebben een doelgedrag gekozen dat minder moet gaan voorkomen en jullie hebben een saaie plek voor de time-out gevonden. De volgende stap is dan dat je je kind uitleg geeft over de time-out en vervolgens afwacht tot het doelgedrag optreedt.
Kies voor de uitleg een moment waarop zowel je kind als jullie zelf kalm zijn. Zorg dat jij en je partner de uitleg over de time-out samen aan jullie kind geven. Je kind moet weten dat jullie *beiden* van hem verwachten dat hij zich aan de regels rondom de time-out houdt en dat jullie ook allebei verwachten dat hij in de time-out blijft tot de wekker afgaat.
Zeg tegen je kind dat jullie van hem houden, maar dat het gedrag dat hij vertoont, problemen veroorzaakt voor hemzelf en de rest van het gezin. Misschien luistert hij rustig of misschien probeert hij

over de time-out in discussie te gaan. Ga niet met je kind in discussie over de vraag of jullie het recht hebben hem in de time-out te zetten.

De time-out uitleggen aan kinderen van twee tot vier jaar

Als je kind tussen de twee en vier jaar oud is, kun je de time-out het beste voordoen en ermee oefenen, in plaats van er uitleg over te geven.

Michelle helpen te stoppen met bijten

Michelle is drie jaar. Als zij boos wordt op andere kinderen, dreigt ze met bijten en doet dit ook echt. Vader, moeder en Michelle zitten aan de eettafel.

Moeder: 'Michelle, papa en ik houden alle twee van je. We willen je ook helpen. Weet je nog dat je gisteren kwaad werd op Tim? Je gedroeg je alsof je hem wou gaan bijten. Bijten is tegen de regels.'
Michelle: 'Mag ik limonade?'
Vader: 'Ja, zo meteen. Eerst willen we even met je praten over het bijten en hoe we je kunnen helpen om ermee op te houden. Als jij bijt of doet alsof je bijt, moet je op een stoel gaan zitten. En je mag er pas af als deze wekker afgaat. Als deze wekker gaat, mag je van de stoel af komen.'
Michelle: 'Mag ik nu limonade?'
Moeder: 'Nog even wachten. Ik wil je even laten zien wat er gebeurt als je bijt. (Moeder pakt Michelle op en zet haar op een grote stoel in de hoek van de kamer.) Als mama jou hier neerzet, moet je hier blijven. Je mag op je billen of op je knieën op de stoel zitten, maar je mag er niet op staan. En als je er afkomt voor de wekker gaat, zwaait er wat! Je moet hier blijven zitten tot de wekker gaat. (Vader laat de wekker afgaan.) Hoor-

de je de wekker rinkelen? Dat betekent dat je van de stoel af mag. (Moeder tilt Michelle van de stoel af en zet haar op de grond.) Dat is de time-out.'
Michelle: 'Ga je nou limonade voor me pakken?'
Moeder: 'Ja, ik zal limonade voor je inschenken. Maar denk erom – als je iemand bijt of doet alsof je bijt, zetten papa en mama je op een stoel. En dan moet je daar blijven tot de wekker gaat.'

Het is duidelijk dat Michelle niet erg goed oplette terwijl haar ouders haar uitleg gaven over de time-out en de procedure voordeden. Daarom zullen zij de werkwijze tijdens de time-out nog twee keer aan Michelle uitleggen en voordoen voordat ze de time-out echt gaan gebruiken. Ze kunnen de time-out ook voordoen met een pop of een knuffel van Michelle. Verder zal Michelle meer over de time-out te weten komen door de ervaring die ze ermee opdoet wanneer ze bijt of dreigt te bijten.

De time-out uitleggen aan kinderen van vijf tot twaalf jaar

Ook als je kind ouder is dan vier jaar zul je het uitleg moeten geven over de time-out. Bekijk het volgende voorbeeld waarin ouders uitleg geven over de time-out.

Tom vertellen over de time-out

De tienjarige Tom heeft de gewoonte ontwikkeld zijn jongere broertje en andere kinderen te slaan of te dreigen met slaan als hij boos op ze wordt. Vanwege dat slaan en zijn agressiviteit beginnen andere kinderen Tom af te wijzen. Vader, moeder en Tom zitten samen rond een kleine tafel.

Vader: 'Je moeder en ik willen met je praten over dat jij je broertje en andere kinderen slaat als je kwaad wordt. Wij houden alle twee van je en we willen je met dit probleem helpen. Dat slaan leidt tot problemen voor jou, je broertje en ons hele gezin.'

Tom: 'Robert begint bijna altijd! Ik sla hem alleen terug als hij mij slaat of uitscheldt.'
Moeder: 'Ja, Robert slaat jou ook wel eens en hij scheldt je wel eens uit. En hij moet zich ook gedragen, al is hij pas vijf. We gaan ook met hem praten. Maar nu willen we het even over jou hebben en over de time-out.'
Vader: 'Iedere keer dat jij iemand slaat of dreigt met slaan, zullen mama en ik "time-out!" zeggen. Dat betekent dat je onmiddellijk naar de badkamer moet gaan en daar tien minuten moet blijven. Wij zetten deze wekker op tien minuten. Als je hem hoort afgaan, mag je eruit komen. Je mag er pas uit als de wekker gaat. Als je niet meteen naar de time-out gaat of een hoop lawaai maakt in de time-out, moet je er langer blijven. Als je rotzooi maakt in de time-out krijg je ook extra tijd en moet je de troep opruimen voor je uit de time-out komt.'
Tom: 'Wie heeft die time-out eigenlijk bedacht? Wat gebeurt er als ik niet naar de time-out ga? Wat gebeurt er als ik uit de time-out kom als ik klaar ben?'
Moeder: 'Papa en ik verwachten dat je naar de time-out gaat en daar blijft tot de wekker rinkelt. Als je niet gaat, mag je de rest van de dag geen tv-kijken en niet fietsen, net zolang tot je wel naar de time-out gaat. En dan moet je tien minuten in de time-out blijven plus een minuut extra voor iedere minuut dat je er te laat heen gaat. Als je niet meteen naar de time-out gaat of eruit komt voor de wekker gaat, kan dat betekenen dat je er een kwartier in moet blijven. Als papa en ik zeggen dat je naar de time-out moet, moet je gaan! Het is dan jouw taak om naar de time-out te gaan en daar te blijven tot de wekker gaat. Tom, heb je nog meer vragen over de time-out?'
Tom: 'Time-out is voor kleine kinderen. Het klinkt dom. Het klinkt gemeen! Moet Robert ook naar de time-out?'
Vader: 'Als jullie elkaar slaan, moeten jullie alle twee naar de time-out, op aparte plekken. De time-out zal jullie helpen op te houden met slaan.'
Moeder: 'Wij houden van jou en Robert. We verwachten dat jullie alle twee naar ons luisteren. En als wij zeggen dat je naar de time-out moet, dan moet je daar meteen naartoe gaan.'

Verwacht niet dat je kind enthousiast reageert als je hem vertelt over de time-out. De volgende stap voor de ouders van Tom is afwachten tot het doelgedrag (slaan of dreigen met slaan) optreedt. Als je voor het eerst met de time-outmethode begint, vraag je je misschien af of je kind wel zal meewerken door naar de time-out te gaan en daar te blijven tot de wekker gaat. Als je kind niet meewerkt, is dit niet moeilijk om aan te pakken. In hoofdstuk 12 wordt beschreven wat je kunt doen als je vermoedt dat je kind zich tegen de time-out zal verzetten.

Belangrijke punten om te onthouden

- Geef je kind een beschrijving van de time-out.
- Vertel je kind dat je van hem houdt en dat je het wilt helpen met een bepaalde probleemgedraging.
- Wees niet verbaasd als je kind geïrriteerd of onverschillig reageert op je uitleg over de time-out.
- Is je kind twee tot vier jaar oud, doe de time-out dan verschillende malen voor.

9 Zorgen dat je kind snel in de time-out komt

'Ik wil niet naar de time-out! Ik zal het nooit meer doen!'
Draag je dreumes snel naar de time-out.

In dit hoofdstuk leer je hoe je precies te werk moet gaan als je je kind in de time-out zet. Het is belangrijk dat dit *snel* gebeurt! Door je kind snel in de time-out te zetten, zorg je dat het er minder verzet tegen biedt. Ook wordt de time-out als methode om je kind te corrigeren, hierdoor effectiever. Het is de bedoeling dat je kind een direct verband opmerkt tussen zijn slechte gedrag en de vervelende ervaring van de time-out.

Als het goed is, heb je inmiddels een plek voor de time-out gekozen, de time-out aan je kind uitgelegd en gewacht tot het doelgedrag optrad. Heeft je zoon of dochter het ongewenste doelgedrag eenmaal vertoond, volg dan de basisstappen die worden beschreven in het lijstje 'Vier stappen voor het gebruiken van de time-out nadat het doelgedrag is opgetreden'.

Vier stappen voor het gebruiken van de time-out nadat het doelgedrag is opgetreden

- Stuur je kind naar de time-out of zet het daar zelf neer en gebruik hiervoor niet meer dan 10 woorden en 10 seconden.
- Pak de kookwekker en stel deze in op één minuut per jaar dat je kind oud is. Zet de wekker binnen gehoorsafstand van je kind (zie hoofdstuk 10).
- Wacht tot de wekker gaat – geef je kind terwijl het wacht geen enkele aandacht (hoofdstuk 10).
- Vraag je kind als de wekker is gegaan, waarom het naar de time-out is gestuurd (hoofdstuk 11).

Volg deze basisstappen bij alle kinderen van twee tot twaalf jaar. Misschien kost het enige oefening voordat je deze stappen automatisch zult volgen. De meeste ouders hebben de natuurlijke neiging hun kind een standje te geven voor ze het in de time-out zetten. Dat is echter een vergissing. Door je kind een standje te geven, met hem in discussie te gaan of tegen je kind te praten voor je het in de time-out zet, wordt het aangemoedigd tegen je in te gaan, van streek te raken en de gang naar de time-out uit te stellen.
Kinderen proberen de time-out te vermijden door hun ouders te manipuleren. Ze protesteren, onderhandelen, geven andere kinde-

ren de schuld, zeggen dat het ze spijt, doen alsof het ze niets kan schelen, huilen, smeken, krijgen een driftbui of doen nog andere dingen om te proberen jou ervan te weerhouden hen naar de time-out te sturen. Blijf kalm, maak het gemakkelijk voor jezelf en stuur je kind meteen naar de time-out. Als het met je wil praten, kan het dat ook doen na de time-out. Gebruik niet meer dan 10 woorden en 10 seconden om het te doen. Je zult merken dat de time-out je, als je hem op de goede manier gebruikt, steeds gemakkelijker zal afgaan!

Kinderen van twee tot vier jaar in de time-out krijgen

'Time-out omdat je hebt gespuugd!'

De driejarige Merel ontwikkelde de slechte gewoonte te spugen of hiermee te dreigen als ze kwaad was op andere kinderen. Ook tijdens een strijd met haar zusje om een stuk speelgoed zette ze haar effectieve wapen – spugen – in.
Meteen zei moeder: 'Time-out omdat je hebt gespuugd!' Moeder greep Merel van achteren vast, liep met haar naar de andere kant van de kamer en zette haar op een hoge rechte stoel. Merel zei: 'Ik wil niet in de time-out! Ik zal het niet meer doen!' Moeder negeerde de belofte van haar dochter om niet meer te spugen, gaf geen antwoord en liet haar dochter gewoon op de time-outstoel zitten.

Dat deed de moeder van Merel heel goed! Ze hield zich aan de basisstappen voor het in de time-out zetten van haar dochter. Twee- en driejarigen kun je het beste naar de time-out dragen. Ze zijn te klein om snel zelf op de stoel te komen. Sommige peuters schoppen als ze naar de time-out worden gedragen, pak ze daarom van achteren beet. Met een vierjarige kun je meelopen als het naar de time-out loopt. Probeer nooit een kind te troosten of lief voor hem te zijn als je het naar de time-out brengt. Wees streng of neutraal en vertel je kind, in tien of minder woorden, waarom het in de time-out wordt gezet.

Kinderen van vijf tot twaalf jaar in de time-out krijgen

Oudere kinderen worden naar de time-out gestuurd en moeten daar zelf naartoe gaan. Stuur je kind met een duidelijk bevel naar de time-out. Zodra je kind het doelgedrag vertoont, loop dan naar je kind toe, neemt een strenge gezichtsuitdrukking aan en maak oogcontact. Beveel je kind om naar de time-out te gaan en wijs in de richting van de time-out. Bekijk de illustratie getiteld 'Moeder pakt tegenspraak aan'. Als je kind in de time-outruimte is aangekomen, zet dan de wekker bij de deur van die ruimte.

Zeg niet meer dan twee dingen als je je oudere kind naar de time-out stuurt. Benoem ten eerste het ongewenste gedrag dat je kind vertoonde of de regel waaraan het zich niet heeft gehouden. Zeg: 'Dat was tegenspreken!' of: 'Slaan is tegen de regels!' Beveel je kind vervolgens om naar de time-out te gaan. Zeg: 'Ga naar de time-out!' of: 'Ga onmiddellijk naar de time-out!' Zeg verder niets. Dit is misschien een goed moment om de paragraaf 'Effectieve instructies en bevelen geven' uit hoofdstuk 2 nog eens door te nemen.

De meeste kinderen in de leeftijd van vijf tot twaalf jaar leren wel te gehoorzamen als ze een duidelijk bevel krijgen om naar de time-out te gaan. Vermoed je dat je kind zal weigeren om te gaan, bestudeer dan hoofdstuk 12 'Veelvoorkomende fouten en problemen met de time-out'. Hierin wordt beschreven hoe je met die problemen kunt omgaan.

De basisstappen voor het gebruik van de time-out zijn altijd dezelfde, wat je kind ook heeft gedaan. Als je de time-out met succes wilt gaan gebruiken, houd je dan aan de basisregels die in dit boek zijn beschreven en zorg dat je ervaring opdoet door de methode echt te gaan gebruiken.

Als je de time-outmethode voor het eerst gaat gebruiken, kun je er baat bij hebben verschillende hoofdstukken uit dit boek af en toe

Moeder pakt tegenspraak aan
1. Tegenspreken
'Ik hoef mijn bed niet op te maken en mijn kamer niet op te ruimen. Waarom moet ik dat doen? Jij doet helemaal niks!'

2. Time-outsignaal
'Time-out omdat je me tegenspreekt.'

3. Wijzen naar de time-out
'Ga onmiddellijk naar de time-out!'
Gebruik gebaren om je wat oudere kind snel en met succes naar de time-out te sturen. Wijs in de richting van de time-outplek terwijl je je kind recht in de ogen kijkt.
Om een teken te geven dat de time-out in gang wordt gezet, maken sommige ouders een 't'-gebaar met hun hand, hetzelfde signaal dat wordt gebruikt voor een time-out in de sport.
Zorg dat je je beperkt tot maximaal 10 woorden en 10 seconden als je je kind naar de time-out stuurt.

nog eens te raadplegen. Ook kan het nuttig zijn om de reacties van je kind te bespreken met je partner of met iemand anders die in je kind geïnteresseerd is.

Belangrijke punten om te onthouden

- Zet je kind *snel* in de time-out – en gebruik niet meer dan 10 woorden en 10 seconden.
- *Draag* dreumesen en peuters naar de time-outstoel.
- *Stuur* het oudere kind naar de time-outruimte.

10 De wekker en wachten in de time-out

Ongeduldig wachten tot de wekker afgaat
'Wèh!... Ik wil eraf!... Je bent mijn beste vriend niet meer!... Stoute, gemene papa!... Ik wil mijn mama!... Niemand vindt mij zeker lief!... Ik vind de time-out niet leuk!... Wèh!'
Het is niet leuk om je kind boos en emotioneel te zien. Je kunt verbaasd of zelfs geschokt zijn door wat ze zegt. Zorg ervoor dat jij en je partner elkaar op dit soort 'moeilijke momenten' veel emotionele steun geven. Geef je kind als de time-out voorbij is, alle aandacht die het wil.

Nadat je je kind in de time-out hebt gezet, stel je de wekker in op één minuut voor elk jaar dat je kind oud is. Zet de wekker binnen gehoorsafstand van je kind. Het mag de time-outruimte pas verlaten nadat de wekker is gegaan. Geef je kind terwijl de wekker tikt, geen aandacht.

Eén minuut voor elk jaar dat je kind oud is

De leeftijd van je kind bepaalt hoe lang het in de time-out blijft. In hoofdstuk 6 leerde je dat kinderen één minuut per jaar dat ze oud zijn, in de time-out moeten blijven. Als je kind twee jaar oud is, zet de wekker dan iedere keer dat het naar de time-out moet, op twee minuten. Als het twaalf jaar oud is, zet de wekker dan op twaalf minuten. *Zet je kind niet langer in dan de time-out dan één minuut per jaar dat het oud is!*

Ouders die per abuis voor de time-out afwisselend lange en korte perioden gebruiken, merken dat de korte periode na een tijdje minder goed werkt. Ouders maken vaak de fout om de tijd die hun kind in de time-out moet doorbrengen, te laten bepalen door hoe boos ze op hun kind zijn. Doe dat niet! Zet je kind altijd één minuut per jaar dat het oud is in de time-out. Alleen als je kind zich tegen de time-out verzet, moet het hier meer minuten doorbrengen dan gebruikelijk. In hoofdstuk 12 wordt beschreven hoe je effectief kunt omgaan met verzet van je kind tegen de time-out.

Waar zet je de wekker neer?

Zet de wekker buiten bereik maar binnen gehoorsafstand van je kind – op anderhalve tot drie meter van de time-outplek. De vloer is een goede plek voor de wekker. Koelt je kind zijn woede op de wekker af zorg dan dat het er niet bij kan! Je kind zal leren op te letten wanneer de wekker afgaat ten teken dat de time-out voorbij is. Het zal leren op de wekker af te gaan in plaats van erop te wachten tot jij zegt dat het uit de time-out mag. Het is prima maar niet noodzakelijk dat je kind de wekker kan zien. Je kind moet hem wel horen tikken en rinkelen. Uiteraard laat je je kind nooit de wekker pakken of ermee spelen terwijl het in de time-out zit.

Dreumesen en peuters vinden het vaak leuk om de wekker, als ze niet in de time-out zitten, in hun spel te betrekken. Soms zetten ze hun poppen en knuffels op een time-outstoel, met een tikkende wekker erbij. Sta je kinderen toe te oefenen met hun time-outvaardigheden, want ook zij zullen op een dag waarschijnlijk vader of moeder worden!

Fouten die ouders maken – geen draagbare wekker gebruiken
'Mam, mag ik er nu uit?... Is het al tijd?...'
Als je geen draagbare wekker gebruikt, zal je kind je vaak roepen. Het niet gebruiken van een draagbare wekker is een veelvoorkomende fout.

Redenen voor het gebruiken van een (kook)wekker

- Een wekker zal niet eerder afgaan omdat hij lastiggevallen of gemanipuleerd wordt!
- Een wekker vergeet je kind niet uit de time-out te bevrijden. Ouders vergeten een kind dat in de time-out zit soms.
- Je kind leert er verantwoordelijkheid voor te nemen om zelf op het juiste moment uit de time-out te komen.
- Een tikkende wekker is voor de andere gezinsleden een signaal dat er een kind in de time-out zit. Iedereen die het kind in de time-out aandacht geeft, loopt het risico ook naar de time-out te moeten.
- Wekkers zijn 'redders van ouders'. Als er een wekker wordt gebruikt, houden kinderen ermee op hun ouders te vragen wanneer ze uit de time-out mogen komen. Ouders die een kookwekker gebruiken, krijgen hierdoor meer rust aan hun hoofd.

Wat doet de ouder tijdens de time-out?

Onthoud dat, als je je kind in de time-out zet je hoofddoel is dat je het geen aandacht geeft. Als het kind twee of drie jaar is, moeten de meeste ouders tijdens de time-out in dezelfde ruimte blijven als hun kind. Nadat je je dreumes of peuter op de time-outstoel hebt gezet, 'beveel' je het daar te blijven en zeg je verder niets meer. Wend je hoofd van je kind af en vermijd oogcontact. Als je peuter op de time-outstoel een driftbui krijgt, kun je bijvoorbeeld doen alsof je de krant of een tijdschrift leest; hiermee voorkom je dat je je kind aandacht geeft. Je kind zal dan in de gaten krijgen dat je het negeert als het in de time-out is.

Als je kind tussen de vijf en twaalf jaar oud is, bevindt het zich tijdens de time-out in een andere ruimte en heb jij even wat tijd voor jezelf. Ga dan nog even voor jezelf na volgens welke stappen je te werk bent gegaan toen je je kind in de time-out zette. Heb je de basisregels en -stappen gevolgd? Als je partner of iemand anders die om het kind geeft, aanwezig is, is dit misschien een goed moment om het te hebben over het gedrag van je kind en je eigen vaardigheid in het gebruiken van de time-out. Het is echter niet de bedoeling dat je kind dit gesprek kan volgen; dat kan vervelend voor je kind zijn en leiden tot verzet tegen de time-out.

Wachten in de time-out
'Ik ben kwaad! Mama had me hier niet heen moeten sturen. Zo hard sloeg ik mijn zusje niet. Ik haat de time-out. Misschien kan ik papa en mama proberen te dwingen me eruit te laten... Ik kan zo hard gaan gillen als ik kan... Ik kan de vloer laten overstromen met water... of zal ik maar gewoon tien minuten wachten en dan tv gaan kijken?'

De ouders van de tienjarige Justin vroegen hem waarom hij zo vaak schreeuwde en emotioneel werd als hij in de time-out was. Hij antwoordde: 'Het voelde goed om het er allemaal uit te gooien... en ik wil dat jullie je net zo kwaad voelen als ik!' De time-out werkte goed bij Justin, maar zijn ouders hadden soms wel wat emotionele steun van elkaar nodig als hij in de time-out zat!

Veel ouders gaan zich schuldig voelen als ze de time-out of een andere methode om hun kind te corrigeren, gebruiken. Zij voelen zich tekortschieten, hebben medelijden met hun kind of zijn bang de liefde van hun kind te verliezen. Het is belangrijk dat je inziet dat dit heel normale gevoelens zijn voor ouders en dat we allemaal twijfels hebben over hoe goed we het er als ouder vanaf brengen. Laat dit soort gevoelens je er echter niet van weerhouden je kind te helpen met het verbeteren van zijn gedrag. Als je ernstig aan jezelf gaat twijfelen en behoorlijk van streek bent nadat je je kind hebt gecorrigeerd, lees dan uit hoofdstuk 2 de paragraaf '"Redenen" waarom ouders hun kinderen niet corrigeren' nog eens.

Als je kind zich verzet tegen de time-outmethode bekijk dan hoofdstuk 12 'Veelvoorkomende fouten en problemen met de time-out'. Dit hoofdstuk zal je helpen om te gaan met een mogelijk gebrek aan medewerking van je kind met de time-outmethode.

Wat moet je doen of tegen je kind zeggen als de wekker is afgegaan en de time-out voorbij is? Lees verder. In het volgende hoofdstuk wordt deze laatste stap van de time-out beschreven.

Belangrijke punten om te onthouden

- Stel de wekker in op één minuut per jaar dat je kind oud is.
- Gebruik altijd een draagbare wekker die rinkelt, bijvoorbeeld een kookwekker. Gebruik dus niet de timer van je oven of magnetron.

- Zet de wekker buiten bereik maar binnen gehoorsafstand van je kind.
- Negeer je kind tot de wekker afgaat.

11 Praten met je kind – na de time-out

Na de time-out
'Ik moest naar de time-out omdat ik ons hondje pijn had gedaan... Mag ik nu buiten gaan spelen?'

In dit hoofdstuk wordt beschreven wat je na de time-out moet doen en zeggen. Verder wordt in dit hoofdstuk besproken wat het juiste moment is om te beslissen of het na afloop van de time-out nog nodig is je kind straf te geven.

Een gesprek met Stefan – na de time-out

Moeder zat te lezen toen de wekker bij de badkamer afging. De zevenjarige Stefan had in de time-out gezeten omdat hij zijn jonge hondje pijn had gedaan. Met de wekker in de hand liep Stefan naar zijn moeder. Hun gesprek verliep als volgt:

Moeder: 'Hallo, Stefan. Vertel eens: waarom moest je naar de time-out?'
Stefan: 'Ik moest naar de time-out omdat ik het hondje pijn had gedaan... Mag ik nu buiten gaan spelen? Ik wil op de fiets naar het huis van Mike.'
Moeder: 'Ja, omdat je het hondje pijn had gedaan, moest je naar de time-out. Je mag wel naar Mike. Maar ik wil wel dat je over een uur weer thuis bent.'
Stefan: 'Oké, tot over een uur. Dag.'

Moeder pakte dit korte 'na de time-out'- gesprekje goed aan.

Jongere kinderen, van twee tot acht jaar, moeten zeggen wat de reden was dat ze naar de time-out zijn gestuurd. Als een kind van die leeftijd de wekker heeft gehoord en uit de time-out komt, moet het jou vertellen wat het heeft misdaan of welke regel het heeft overtreden, waardoor het naar de time-out is gestuurd.
Kinderen van twee of drie jaar vergeten vaak waarom ze naar de time-out zijn gestuurd. Als je kind twee of drie jaar is, ga dan na het rinkelen van de wekker als volgt te werk: Zeg: 'De wekker is gegaan, je mag er nu afkomen.' Vertel je kind in een paar woorden waarom het op de time-outstoel is gezet. Vraag het die reden te herhalen. Til je kind vervolgens van de stoel en zet het op de grond. Zeg dat het mag gaan spelen.
Als je kind vier jaar is, zal het snel leren zelf van de stoel te komen nadat het de wekker heeft gehoord. Help je kind om te vertellen waarom het in de time-out is gezet. Als je kind de goede reden zegt, bevestig dit dan door zoiets te zeggen als: 'Ja, daarom moest je naar de time-out.' Meer hoef je niet te zeggen. Normaal gesproken hoef je nu geen standje meer te geven, je kind te laten zeggen dat het hem spijt of het te laten beloven het niet meer te doen. Je kind is nu vrij om te gaan en in de meeste gevallen zal de kou bij jullie beiden nu wel uit de lucht zijn.
Als een jonger kind niet meer weet waarom het in de time-out is gezet of een verkeerd antwoord geeft als je hiernaar vraagt, vertel je het nog eens wat de reden was dat het naar de time-out moest. Nadat je het kind de reden hebt verteld, zeg je: 'Oké, ik vraag het je nog een keer. Waarom moest je naar de time-out?' Ga hiermee door

tot je kind de juiste reden noemt waarom het naar de time-out is gestuurd. Zodra dit 'na de time-out'-gesprek is afgerond, is je kind vrij om te gaan.

Martijn zet zichzelf in de time-out

Jacqueline, een psychologe, liep haar keuken in en zag daar tot haar verbazing haar vierjarige zoontje Martijn op de time-outstoel zitten. Haar verbazing gold vooral het feit dat er verder niemand thuis was en dat zij hem niet op de stoel had gezet. Martijn had zichzelf op de time-outstoel gezet. Later vroeg ze wat hij had gedaan waardoor hij de time-out verdiende. Kalmpjes antwoordde hij: 'Ik wil er niet over praten.' Moeder kwam er nooit achter waarom haar zoontje zichzelf in de time-out had gezet!

Dring er na de time-out niet bij je kind op aan dat het je de wekker geeft. Dat kan tot een onnodige machtsstrijd leiden.
Dwing een ouder kind, van negen tot twaalf jaar oud, niet om tegen je te zeggen waarom het naar de time-out moest. Een ouder kind weet over het algemeen wel waarom je het naar de time-out hebt gestuurd. Eisen dat je kind je vertelt wat het heeft misdaan, leidt vaak tot een machtsstrijd. Wees dus selectief in waar je de strijd over aangaat en dring er bij een ouder kind, dat na een time-out meestal nijdig is en vol verzet, niet op aan dat het zijn probleemgedrag aan je beschrijft. Als je kind na de time-out nijdig blijft, negeer dit dan. Je kind heeft het recht te voelen wat het voelt. Als het met je wil praten over de vraag of het terecht was dat het naar de time-out werd gestuurd, luister dan kort naar je kind. Waak er echter voor met je kind in discussie te gaan.
Soms komen ouders er na een time-out achter dat hun kind eigenlijk 'onschuldig' was en de time-out niet verdiende. Overkomt dit jou een keer, zeg dan snel sorry tegen je kind.
Sommige kinderen doen koppig en weigeren nadat de wekker is gegaan, om uit de time-out te komen. Als dit bij jou gebeurt, lees dan hoofdstuk 12 'Veelvoorkomende fouten en problemen met de time-out'. In dat hoofdstuk wordt besproken hoe je dat – kleine – probleem kunt aanpakken.

Beslissen of het nodig is om je kind na de time-out nog op een andere manier te corrigeren

Door de time-out worden jij en je kind meteen uit elkaar gehaald en krijgen jullie beiden de gelegenheid om af te koelen. In de meeste gevallen is de time-out voldoende om slecht gedrag te corrigeren. Door de time-out kun je voorkomen dat je gaat schreeuwen, je kind een uitbrander geeft, dreigementen uit die je niet kunt waarmaken of zelf van streek raakt. Met de time-out heb je een van de meest effectieve methoden gebruikt die beschikbaar zijn om een einde te maken aan slecht gedrag.

Misschien denk je dat een time-out niet voldoende is als correctie van een specifieke slechte gedraging. Misschien is nog een andere correctie nodig. Maar de beslissing hiertoe moet je pas nemen nadat je de gelegenheid hebt gekregen om even te kalmeren. Het juiste moment hiervoor is het moment waarop je kind in de time-out zit. Kondig nooit een extra maatregel aan voordat je je kind in de time-out zet.

Als extra maatregel naast de time-out kun je denken aan een standje, natuurlijke consequenties, logische consequenties of een straf. Deze effectieve en milde methoden om je kind in het gareel te houden, worden besproken in hoofdstuk 5. In de meeste gevallen zul je, nadat je kind in de time-out is geweest en jij de kans hebt gekregen af te koelen, beslissen dat de time-out voldoende was. Het juiste moment om hierover een beslissing te nemen, is het moment waarop je kind in de time-out zit.

Als je kind is afgekoeld en bereid is over zijn probleemgedrag te praten, maak dan van die gelegenheid gebruik en praat met hem. Help je kind door met hem mee te denken over positieve alternatieven voor zijn probleemgedrag. Zo'n gesprek zal je kind helpen zich in de toekomst beter te gedragen.

Belangrijke punten om te onthouden

- Kinderen van twee tot acht jaar moet worden verteld waarom ze naar de time-out zijn gestuurd.

- Vermijd het om je kind na de time-out nog een standje te geven.
- Alleen een time-out is over het algemeen voldoende als maatregel tegen slecht gedrag.
- Het beste moment om te beslissen of meer maatregelen nodig zijn, is het moment waarop je kind in de time-out zit.

12 Veelvoorkomende fouten en problemen met de time-out

'Heb je spijt van wat je hebt gaan? Ga je je als je er zo uitkomt wel gedragen?' Praten en discussiëren met een kind nadat je het in de time-out hebt gezet, is een fout die veel ouders maken.

De time-out is een gemakkelijke methode om te gebruiken, maar een fout is ook snel gemaakt. In dit hoofdstuk worden negen veelvoorkomende fouten beschreven die ouders met de time-out maken. Door deze fouten wordt de time-out minder effectief als methode om verandering te brengen in het ongewenste gedrag van je kind. Verder leiden die fouten ook tot verzet tegen de time-out van de kant van je kind.

Als je kind zich tegen de time-out probeert te verzetten door te weigeren erheen te gaan of er te blijven, lees dan de paragraaf hierna, 'Als je kind zich tegen de time-out verzet'. Hierin worden oplossingen gegeven voor veelvoorkomende problemen met de time-out. Maar ga eens bij jezelf na of je niet een van de negen veelvoorkomende fouten met de time-out maakt.

> **Negen veelvoorkomende fouten die ouders maken met de time-out**
>
> - Fout #1 Praten of in discussie gaan met een kind *nadat* je het in de time-out hebt gezet.
>   Goede manier – *Negeer je kind tijdens de time-out.*
> - Fout #2 Praten of in discussie gaan met een kind *voordat* je het in de time-out zet.
>   Goede manier – *Gebruik niet meer dan 10 woorden en 10 seconden om je kind snel in de time-out te krijgen.*
> - Fout #3 De kinderstoel van je kind, een schommelstoel of de bank als time-outplek gebruiken.
>   Goede manier – *Gebruik voor je dreumes of peuter een hoge rechte stoel als time-outplek.*
> - Fout #4 Bij oudere kinderen de slaapkamer van het kind of een andere interessante ruimte gebruiken voor de time-out.
>   Goede manier – *Gebruik voor je oudere kind de badkamer of een andere saaie plek voor de time-out.*
> - Fout #5 Zelf de tijd in de gaten houden of de timer op je fornuis gebruiken.
>   Goede manier – *Gebruik altijd een draagbare wekker die rinkelt – en zet deze buiten bereik maar binnen gehoorsafstand van je kind.*

'Papa heeft de wekker vergeten te zetten.'

- Fout #6 Na de time-out van een kind verlangen dat het zegt dat het er spijt van heeft of dat het belooft zich goed te gedragen.
  Goede manier – *Nadat je kind uit de time-out is gekomen, kan het je vertellen waarom het naar de time-out is gestuurd. Als je kind het niet meer weet of verkeerd antwoordt, kun jij vertellen wat het heeft misdaan.*
- Fout #7 Dreigen met de time-out in plaats van deze echt te gebruiken.
  Goede manier – *Gebruik de time-out echt iedere keer nadat het doelgedrag is voorgekomen. Laat het niet bij dreigen met de time-out.*
- Fout #8 Proberen een kind met de time-out voor gek te zetten of bang te maken.
  Goede manier – *Gebruik de time-out om je kind te vervelen, niet om het voor gek te zetten of bang te maken.*
- Fout #9 Heel lange, heel korte of verschillende perioden gebruiken voor de time-out.
  Goede manier – *De time-out duurt één minuut per jaar dat je kind oud is.*

Time-outfouten die ouders maken – alleen maar dreigen met de time-out
'Ik heb al tien keer gezegd dat je niet op de salontafel mag staan. Als je nog één keer op de salontafel gaat staan, moet je naar de time-out!...'
Zorg dat je de time-out echt gebruikt in plaats van er alleen maar mee te dreigen. Alleen maar dreigen met de time-out is een fout die veel voorkomt.

Als je kind zich tegen de time-out verzet

Zorg dat je niet een van de negen veelvoorkomende fouten met de time-out maakt. Lees deze paragraaf als je denkt dat je kind zich tegen de time-out zal verzetten. En verzet je kind zich inderdaad tegen de time-out, *kies dan een aanpak die bij zijn leeftijd en bij het type opstandige gedrag past en volg die aanpak.*

Mocht je kind zich tegen de time-out verzetten, dan kun je dat probleem oplossen! De meeste kinderen verzetten zich niet meer als hun ouders de time-out een paar weken op de juiste wijze hebben gebruikt. Zorg echter wel dat je niet een van de negen veelvoorkomende time-outfouten maakt. Het is mogelijk dat je kind, als het in de time-out wordt gezet, duidelijk boos en van streek is. Bedenk dan dat het verschillende redenen heeft om boos te doen en opstandig gedrag te vertonen. Je kind wil je aandacht trekken, het wil je straffen voor het feit dat je hem in de time-out zet en het wil je dwingen op te houden met het gebruik van de time-out. Bied weerstand tegen de pogingen van je kind om je te ontmoedigen om een effectieve opvoeder te zijn!

'Ontsnappen' uit de time-out
'Ik ga eruit!'
'Ontsnappen' uit de time-out kan een probleem zijn als je begint met de time-out. Dat probleem kan echter wel worden opgelost.

Je hebt twee belangrijke doelen waarvoor je de time-out gebruikt. Je onmiddellijke doel is per direct een einde te maken aan het ongewenste doelgedrag van je kind. Voor de langere termijn is je doel meer zelfdiscipline en zelfbeheersing bij je kind aan te kweken. De time-out is voor beide doelen een effectieve methode.

Je houdt van je kind en natuurlijk raakt het je om te zien dat het ongelukkig is. Daarom moeten jij en je partner elkaar helpen en emotioneel steunen als je kind ongelukkig en moeilijk hanteerbaar wordt nadat het in de time-out is gezet.

Om het verzet van hun kind tegen de time-out de hand te bieden, moeten ouders specifieke stappen zetten. Als je kind tussen de twee en vier jaar oud is, kies dan een plan uit de paragraaf 'De aanpak van twee- tot vierjarigen die zich verzetten tegen de time-out' om met het opstandige gedrag om te gaan. Als het tussen de vijf en twaalf jaar oud is, kies dan een plan uit de paragraaf 'De aanpak van kinderen van vijf tot twaalf jaar die zich verzetten tegen de time-out'.

De aanpak van twee- tot vierjarigen die zich verzetten tegen de time-out

Uiting van verzet #1: Weigeren om naar de time-out te gaan of hiermee dralen

Jouw plan – Draag een dreumes of peuter altijd snel naar de time-outstoel, ook kinderen die zich niet tegen de time-out verzetten. De meeste vierjarigen leren uiteindelijk wel om zelf naar de time-out te lopen.

Uiting van verzet #2: Lawaai maken in de time-out

Je kind roept je, huilt of krijgt een driftbui op de time-outstoel.
Plan A – Negeer je kind. Draai je om en vermijd oogcontact terwijl het in de time-out zit. Lawaai maken in de time-out neemt over het algemeen vanzelf af als je er consequent geen aandacht aan besteedt.
Plan B – Als je kind drie of vier jaar oud is, zeg dan tegen hem dat je, als het doorgaat met lawaai maken, de wekker op extra minuten zet. Als je kind lawaai maakt terwijl de wekker gaat, zet de wekker dan nog een keer op een of twee minuten.
Opmerking: Lawaai maken is meestal de enige vorm van verzet die een paar weken of nog langer kan doorgaan. Zie in dat je kind je probeert te dwingen op te houden met het gebruiken van de time-out door lawaai te maken als het in de time-out zit.

Uiting van verzet #3: 'Ontsnappen' uit de time-outstoel

Je kind klimt van de hoge rechte stoel af en rent weg.
Plan A – Haal je kind herhaaldelijk (tien keer als dat nodig is) op en zet hem terug op de stoel. Ga bij de stoel staan en beveel je kind op strenge toon om op de stoel te blijven zitten. Zeg: 'Waag het niet om van die stoel af te komen!' Als je kind doorgaat met zijn ontsnappingspogingen, overweeg dan de volgende alternatieven:
Plan B – Leg je hand met een stevige greep op de schouder van je kind en kijk de andere kant op. Beveel je kind op de stoel te blijven. Zeg verder niets.
Plan C – Hurk neer bij de time-outstoel en houd je kind stevig vast zodat het blijft zitten. Kruis zijn armen over zijn borst en grijp zijn polsen vast. Zorg dat je echt een grote time-outstoel hebt. Zeg dat je

hem pas loslaat als hij ophoudt met proberen eraf te komen. Zeg verder niets. Voordat je met deze methode begint, moet je vastbesloten zijn om deze machtsstrijd te winnen.

Plan D – Houd je kind stevig vast bij jou op schoot en ga zelf op de time-outstoel zitten. Zeg tegen je kind dat je de wekker zet zodra het ophoudt met proberen weg te komen. Je moet vastbesloten zijn om te winnen voor je met deze methode begint.

Opmerkingen – Als de hiervoor beschreven methoden niet werken, zul je de hulp van een opvoedcoach of therapeut moeten inschakelen om manieren te vinden om je kind te helpen zijn gedrag te verbeteren. Raadpleeg hiervoor hoofdstuk 21 'Wanneer en hoe professionele hulp inschakelen'.

De meeste kinderen blijven wel op de time-outstoel als dit hun wordt opgedragen. Als het ontsnappen uit de time-out toch een probleem is, hebben de meeste ouders de ervaring dat dit probleem zelden langer duurt dan een of twee weken nadat ze met de time-outmethode zijn begonnen. Gebruik altijd een hoge rechte stoel en een draagbare wekker.

Uiting van verzet #4: Niet uit de time-out komen als de wekker is gegaan

Jouw plan – Zeg tegen je kind dat de wekker is gegaan en dat het van de stoel af mag komen. Reageer vervolgens met *actief negeren* of door de kamer uit te lopen.

Uiting van verzet #5: Je kind gaat na het verlaten van de time-outstoel door met huilen of schreeuwen

Jouw plan – Als je kind *van twee of drie jaar* hard blijft huilen of schreeuwen nadat het van de time-outstoel af is gekomen, loop dan de kamer uit en geef het geen aandacht. Als je *vierjarige* na het verlaten van de time-out hard blijft huilen of tegen jou tekeergaat, zet het dan nogmaals vier minuten in de time-out. Doe dit niet vaker dan één keer.

Uiting van verzet #6: Na het verlaten van de time-out is je kind nijdig op jou, maar het huilt of schreeuwt niet

Jouw plan – Negeer de boosheid van je kind. Dring er niet op aan dat het vriendelijk doet als het uit de time-out komt. Het heeft recht op zijn eigen gevoelens.

Uiting van verzet #7: Het kind doet zichzelf expres pijn terwijl het op de time-outstoel zit

Opmerking – Een kind dat zichzelf expres pijn doet, heeft ditzelfde gedrag meestal ook al vertoond op andere momenten dat het boos was of werd gecorrigeerd. Een kind dat zichzelf pijn doet als het wordt gecorrigeerd, heeft dit ongewenste gedrag 'per ongeluk' aangeleerd. Het is wel mogelijk dit gedrag te veranderen, maar hiervoor heb je mogelijk professionele hulp nodig. Een therapeut kan je

specifieke adviezen geven die geschikt zijn voor jouw kind.

De aanpak van kinderen van vijf tot twaalf jaar die zich verzetten tegen de time-out

Uiting van verzet #1: Dralen met naar de time-out gaan of dit weigeren

Je kind gaat niet meteen naar de time-out of weigert te gaan.
Jouw plan – Als je kind treuzelt met naar de time-out gaan of dit helemaal weigert, zeg dan dat het onmiddellijk naar de time-out moet gaan of daar anders langer moet blijven. Tel voor iedere seconde dat het nog niet naar de time-out gaat, een minuut op bij de tijd die je kind daar moet doorbrengen. Tel in *stilte* van een tot tien. Zet de wekker vervolgens op maximaal vijf minuten later.
Nadat je de wekker vijf minuten later hebt gezet, waarschuw je je kind dat het een bepaalde *straf* (het verliezen van een bepaald privilege) zal krijgen als het nu niet onmiddellijk naar de time-out gaat.

Tel na deze waarschuwing weer in stilte tot tien. Als je kind niet naar de time-out is gegaan tegen de tijd dat jij bij tien bent, vertel dan dat het de straf krijgt die je zojuist noemde en loop weg. Tel niet hardop, word niet boos en ga niet in discussie. Loop gewoon weg. Zie hoofdstuk 5 voor een beschrijving van de toepassing van straf en voorbeelden.

In het volgende voorbeeld lees je hoe de moeder van de tienjarige Kelly haar dochter aanpakte. Kelly probeerde de time-out te ontlopen door met haar moeder in discussie te gaan.

Moeder weigerde dit en zei: 'Kelly, je moet al tien minuten naar de time-out. En nu moet je nog een minuut extra omdat je niet meteen naar de time-out bent gegaan. Dat is elf minuten in totaal.' (Moeder pauzeert en telt in stilte tot tien.) 'Oké, nu heb je elf minuten time-out plus nog een minuut, dat is twaalf minuten.' Kelly stopte met ruziën en begaf zich met tegenzin naar de time-out.

Als Kelly nog langer had gedraald met naar de time-out gaan, had haar moeder maximaal vijf minuten bij de oorspronkelijke tien minuten time-out opgeteld. Was Kelly dan nog niet naar de time-out gegaan, dan zou haar moeder hebben gezegd dat ze de rest van de dag voor *straf* geen tv meer mocht kijken. Nadat ze haar dochter van deze straf op de hoogte had gebracht, zou moeder zijn weggelopen. Als Kelly die dag nog tv wilde kijken, had ze eerst vijftien minuten in de time-out moeten gaan zitten.

Opmerking – Als je kind weigert naar de time-out te gaan, geef het dan een *straf*. Bied je kind echter wel de mogelijkheid later op de dag alsnog naar de time-out te gaan om van de straf af te komen. Voor kinderen van vijf tot twaalf dient straf als ondersteuning van de time-out.

Als je de time-out voor het eerst gebruikt, moeten jij en je partner beiden aanwezig zijn, zodat je kind weet dat jullie het hierover met elkaar eens zijn. Als je kind treuzelt met naar de time-out gaan, heb je misschien wat extra oefening nodig in het geven van *effectieve bevelen* – een vaardigheid die wordt besproken in hoofdstuk 2. Weigert je kind om naar de time-out te gaan, geef het dan geen standje en ga niet in discussie. De meeste kinderen die zich tegen de time-out verzetten, geven hun verzet na een week of twee wel op.

Uiting van verzet #2: Lawaai maken in de time-out

Je kind kan je de hele tijd roepen, hard huilen, schoppen, roepen dat het iedereen haat of een echte driftbui krijgen.

Lawaai maken in de time-out
'Ik vind het niet leuk in de time-out!'
Sommige kinderen proberen zich tegen de time-out te verzetten door lawaai te maken of een driftbui te krijgen. Blijf kalm! Ook dit probleem kun je aan.

Plan A – Negeer je kind, blijf uit de buurt van de time-outruimte en probeer het niet te kalmeren. Geef je kind geen standje, stel het niet gerust en geef geen antwoord. Zorg dat je het lawaai maken niet beloont door aandacht aan het gedrag te schenken. De beste manier om het lawaai maken te laten afnemen, is door het *actief te negeren* – en je kind geen enkele aandacht meer te geven.
Plan B – Zet de wekker extra minuten later vanwege het lawaai maken. Als je kind lawaai maakt terwijl de wekker gaat, zet deze dan nog een keer op twee minuten.
Opmerking – Bedenk dat het doel van lawaai maken door je kind is jouw aandacht te trekken, je boos te maken en je te dwingen met de time-out op te houden. Word niet boos en geef je kind geen standje omdat het lawaai maakt, want daarmee beloon je ongewenst gedrag. Negeer je kind gewoon en zet de wekker een paar minuten later. Zorg dat je een *draagbare* wekker gebruikt, zodat je kind niet leert aldoor naar je te roepen 'of het al tijd is om eruit te komen'. Lawaai maken in de time-out is een vorm van verzet tegen de time-out, die een kind wel een poosje kan volhouden. Veel ouders lopen

naar de andere kant van hun huis om het lawaai niet te hoeven horen. Dat is een goed idee, omdat je eigen stress hierdoor vermindert en je daarmee ook zorgt dat je kind in de time-out geen aandacht krijgt.

Time-out in het hotel

Een gezin logeerde in een hotel toen vader en moeder de time-out nodig hadden om de driftbui van hun zesjarige zoon aan te pakken. Ze zetten hem in de badkamer van hun hotelkamer. Hij huilde echter zo hard en ging zo tekeer dat zijn ouders de kamer moesten ontvluchten.
Vader en moeder stonden buiten op de stoep te wachten tot de time-out van hun zoon voorbij was! Vader en moeder pakten het lawaai maken van hun zoon goed aan door het actief te negeren.

Uiting van verzet #3: 'Ontsnappen' uit de time-outkamer

Je kind verlaat de time-outruimte voordat de wekker is gegaan. Jouw plan – Zet de wekker een minuut extra voor iedere tien seconden dat je kind niet in de time-outkamer is, tot maximaal vijf minuten. Als het niet terugkomt naar de time-out of langer dan een of twee minuten wegblijft, krijgt het een *straf* (bijvoorbeeld de rest van de dag geen tv-kijken). Weiger boos te worden, kondig de straf aan en loop weg. Houd wel vast aan de straf die je hebt genoemd.
Opmerking – Ontsnappen uit de time-out is meestal geen probleem. Als het wel een probleem is, duurt dit zelden langer dan twee weken nadat je met de time-out bent begonnen.

Uiting van verzet #4: Rommel maken in de time-outruimte

Je kind gooit spullen op de grond of knoeit met water op de vloer. Jouw plan – Gebruik een neutrale toon en zeg tegen je kind dat het de rommel moet opruimen voordat het uit de time-out mag komen. Toon je niet geschokt en geef geen standje.
Opmerking – Zie in dat rommel maken in de time-out een manier is om jou te straffen of je te dwingen ermee op te houden de badkamer voor de time-out te gebruiken. Toen een vader zijn zoon van negen in de badkamer had gezet voor een time-out, ontdekte hij de

volgende dag dat zijn nieuwe bus scheerschuim leeg was! Blijkbaar had zijn zoon de hele bus leeggespoten in de wastafel en het scheerschuim weggespoeld!

Uiting van verzet #5: Schade veroorzaken aan de time-outruimte

Plan A – Je kind moet de time-outruimte schoonmaken en meebetalen aan de schade. Een manier om mee te betalen, is door extra karweitjes in huis te doen. Misschien is het nodig een andere kamer te kiezen voor de time-out, een kamer die veiliger is en minder kwetsbaar voor schade. Gebruik echter niet de slaapkamer van je kind.
Plan B – Misschien is het nodig een therapeut in te schakelen om te leren hoe je een kind kunt aanpakken dat zijn zelfbeheersing verliest als het wordt gecorrigeerd. Raadpleeg hoofdstuk 21 'Wanneer en hoe professionele hulp inschakelen'.

Uiting van verzet #6: Niet uit de time-out komen als de tijd om is of zeggen dat het de time-out 'leuk' vindt

Jouw plan – Als je kind niet uit de time-out komt nadat de wekker is gegaan, zeg dan: 'De wekker is gegaan. Je kunt er nu uitkomen als je wilt, maar je mag daar ook blijven – wat je wilt.' Draai je vervolgens om en loop weg. Zeg verder niets. Een slim kind zegt misschien dat het de time-out 'leuk' vindt. Neem je kind niet serieus als het dit zegt. Dit is niets anders dan een poging om je te manipuleren de time-out niet te gebruiken.

Uiting van verzet #7: Na afloop van de time-out blijft je kind gillen, schreeuwen en huilen

Jouw plan – Zet je kind meteen de volle tijd in de time-out terug.

Uiting van verzet #8: Na de time-out is je kind nijdig op jou, maar huilt of schreeuwt niet

Jouw plan – Dwing je kind niet om vrolijk te zijn na de time-out. Negeer zijn boosheid. Zorg dat jij na afloop van de time-out niet boos overkomt of je boos gedraagt. 'Verontschuldig' je ook niet bij je kind omdat je het in de time-out hebt gezet.

Uiting van verzet #9: Je kind doet zichzelf doelbewust pijn terwijl het in de time-out zit

Opmerking – Een kind dat zichzelf pijn doet, heeft dit meestal al eerder gedaan als het boos was of werd gecorrigeerd. Het probeert zijn ouders hiermee te straffen en te controleren. Het is erg belangrijk dat je je kind helpt om dit patroon van zelfdestructief gedrag af te leren. Hierbij zul je waarschijnlijk de hulp van een therapeut nodig hebben, die je adviseert over een aanpak die geschikt is voor jouw kind. Raadpleeg hoofdstuk 21 'Wanneer en hoe professionele hulp inschakelen'.

Professionele hulp heb je ook nodig als je kind jou te lijf gaat of van huis wegloopt om de time-out te ontlopen. Ook als je kind weigert naar de time-out te gaan, de daaropvolgende straf ontloopt en dit blijft volhouden, heb je mogelijk professionele hulp nodig.

Belangrijke punten om te onthouden

- Mits op de juiste manier gebruikt, is de time-outmethode effectief en gemakkelijk toe te passen.
- Als de time-outmethode verkeerd wordt toegepast, is deze niet effectief en moeilijk te gebruiken.
- Zorg dat je niet een van de negen veelvoorkomende time-outfouten maakt. Als je een van deze fouten maakt, zal de time-out niet werken.
- Als je kind zich tegen de time-out verzet, kies dan een van de plannen uit dit hoofdstuk om dat verzet effectief aan te pakken. Kies wel een plan dat bij zijn leeftijd past.

Deel 3 Nog meer toepassingen van je opvoedvaardigheden

In dit deel van het SOS-boek bekijken we nog enkele andere methoden om je kind te helpen. We bespreken vaardigheden voor het aanpakken van slecht gedrag van je kind buitenshuis; we kijken naar het gebruik van punten, fiches en ouder-kindcontracten ter verbetering van een verscheidenheid van gedragingen.

Ook wordt beschreven hoe je twee kinderen een time-out kunt geven en hoe je de time-out kunt toepassen op speelgoed.

Je leert vaardigheden voor het aanpakken van agressief en gevaarlijk gedrag van je kind. Ook leer je spiegelend luisteren, bedoeld om je kind te helpen zijn gevoelens en emoties beter te begrijpen, te uiten en te beheersen en meer inzicht in en controle over zijn gedrag te krijgen.

In het laatste hoofdstuk van dit deel wordt gekeken naar andere problemen van kinderen, zoals hyperactiviteit en verzet tegen het doen van karweitjes. In dit hoofdstuk worden ook opvoedvaardigheden besproken zoals 'winnen van de wekker' en het gebruik van een 'ruststoel'.

Laten we gaan kijken naar deze manieren om je kind te helpen!

13 Slecht gedrag buitenshuis aanpakken

Overkomt het je wel eens dat je kind jou als jullie op stap zijn met zijn slechte gedrag in verlegenheid brengt? Kun je omgaan met luidruchtig gezeur of gedram als je bij vrienden op bezoek bent of samen boodschappen doet? Denk je wel eens bij jezelf: Ik neem hem nooit meer ergens mee naartoe!
Wanhoop dan niet! Je kunt leren verbetering te brengen in het problematische gedrag van je kind buitenshuis. Gebruik de in dit hoofdstuk beschreven methoden en treed effectiever en zelfverzekerder op wanneer jij en je kind bij vrienden op bezoek zijn, boodschappen doen of ergens anders samen naartoe gaan.
Om een effectieve opvoeder te zijn, moet je goed beslagen ten ijs komen – dat wil zeggen: voorzien van een arsenaal aan degelijke correctiemethoden. Ouders wier enige methode om het gedrag van

'Leg dat terug!' 'Nee! Ik wil dit hebben!' Lastig en eisend gedrag van je kind in het openbaar is gênant en moeilijk om aan te pakken.

hun kind te corrigeren, 'mopperen en standjes geven' is, zullen hiervan tijdens tripjes met hun kind erg veel gebruikmaken! Begin met de opvoedvaardigheden die je al hebt geleerd. Bijzonder belangrijk voor het aansturen van gedrag buitenshuis is dat je goed gedrag regelmatig prijst en opmerkt en slecht gedrag niet beloont. Maak af en toe gebruik van logische consequenties of het geven van straf; ook de time-out of variaties hierop kunnen soms van pas komen. Sla de vorige hoofdstukken over deze methoden er nog eens op na.

Op bezoek bij vrienden en familie

Als jullie bij mensen op bezoek gaan, bereid je kind daar dan op voor. Vraag het om wat speelgoed of boekjes mee te nemen. Zorg dat het iets interessants te doen heeft terwijl jij met de volwassenen in gesprek bent. Leg je kind *voordat jullie vertrekken* uit hoe je verwacht dat het zich zal gedragen. Vertel precies welke ongewenste gedraging (bijvoorbeeld tegenspraak, boos schreeuwen of krijsen) een time-out of een bepaalde straf (bijvoorbeeld geen televisie als jullie weer

Een wekker op zakformaat
Een wekker op zakformaat is handig als je bij vrienden op bezoek bent of op reis bent.

thuis zijn) zal opleveren. Als je kind zich goed gedraagt, prijs het hier op weg naar huis dan meteen om.
Als hulpmiddel voor het aanpakken van slecht gedrag terwijl jullie ergens op bezoek zijn, kun je je kind direct een 'onmiddellijke' time-out geven of later, als jullie weer thuis zijn, een 'uitgestelde' time-out. Voordat je de time-out buitenshuis kunt gebruiken, moet je er thuis mee vertrouwd zijn geraakt, ook in het bijzijn van gasten. Verder moet je kind er ook aan meewerken; gebruik de time-out niet buitenshuis als je kind zich er thuis tegen verzet.

Waarschuw je kind één keer voor je buitenshuis een time-out geeft of vertel je kind dat het 'genoteerd staat' voor een time-out. Geef net als thuis één minuut time-out per jaar dat je kind oud is. Schaf een wekkertje op zakformaat aan voor onderweg.

Kijk bij aankomst in het huis van je vrienden of familie of je een saaie plek ziet die je als time-outplek kunt gebruiken. Bijna iedere plek waar geen mensen en interessante bezigheden zijn, volstaat. Sommige ouders gebruiken met succes de achterbank van hun auto als time-outplek voor onderweg. Deze plek is vooral geschikt als het kind lawaai maakt in de time-out. Zet je kind op de achterbank en ga zelf voorin zitten of naast de auto staan. Als je zelf de auto uitgaat, zorg dan wel dat jij de sleutels hebt. Negeer je kind en zorg dat het tijdens de time-out niets heeft om mee te spelen.
Geef de time-out indien mogelijk meteen in plaats van hem uit te stellen. Door meteen een time-out te geven, pak je het slechte gedrag effectiever aan. Als het niet mogelijk is je kind direct naar de

Problemen waarmee ouders worden geconfronteerd – anderen bemoeien zich ermee als je je kind corrigeert
'Help, oma! Mama wil me in de time-out zetten!'
Sommige familieleden of vrienden zullen zich ermee bemoeien als jij probeert in hun bijzijn je kind te corrigeren. Vraag je partner om emotionele steun en hulp bij het omgaan met deze goed bedoelende familieleden of vrienden.

time-out te sturen, gebruik dan een uitgestelde time-out. Je kind moet dan direct na thuiskomst naar de time-out worden gestuurd. Zorg dat het meteen naar de time-out gaat. De uitgestelde time-out is alleen geschikt voor kinderen vanaf vier jaar.

Julia loopt bijna een uitgestelde time-out op

Julia van zeven is met haar ouders op bezoek bij vrienden. Het is al na tienen en vader zegt tegen Julia dat het tijd is om naar huis te gaan. Julia zegt dat ze nog niet weg wil en laat dit ook blijken met jengelen, tranen en boos huilen.

Vader: 'Julia, ik heb tien minuten geleden al tegen je gezegd dat het tijd is om naar huis te gaan. Ga nu je jas en schoenen aantrekken!'
Julia: 'Nee, ik wil niet naar huis! Ik wil nog even spelen. Ik mag van jou nooit spelen als ik dat wil!' (Het jengelen verandert in hard huilen.)

Vader: 'Ik waarschuw je nog één keer. Houd op met huilen en ga onmiddellijk je schoenen en jas pakken – anders moet je thuis in de time-out!'
Julia: 'Oké dan, je hoeft niet zo boos tegen me te doen.' (Julia houdt op met huilen en trekt haar jas en schoenen aan.) 'Kunnen we volgende week weer hier komen? Dan wil ik graag verder spelen.'
Vader: 'Ja, het was gezellig vanavond. Misschien kunnen we volgende week wel weer afspreken.'

Vader pakt de driftbui van zijn dochter Julia en haar weigering om mee naar huis te gaan, goed aan. Hij waarschuwt haar één keer en zegt tegen haar dat als ze niet naar hem luistert, hij haar een uitgestelde time-out zal geven.

Winkels, winkelcentra en restaurants

Als jullie boodschappen gaan doen of gaan winkelen, wees dan duidelijk tegen je kind over wat voor gedrag je van hem verwacht. Houd als je gaat winkelen rekening met de leeftijd van je kind. Wees redelijk in je verwachtingen over hoe lang je kind braaf meeloopt zonder moe te worden, te gaan jengelen of zich te misdragen. Als je kind niet moe is, maar zich gewoon misdraagt terwijl je met hem in een supermarkt, winkelcentrum of restaurant bent, overweeg dan een variatie op de time-out. In supermarkten is een hoek of een zijpad meestal een goede time-outplek. Wijs naar een veilige plek op de grond waar je kind kan gaan zitten. Draai je om en doe alsof je de levensmiddelen bestudeert en geef je kind geen enkele aandacht. Als je kind nog heel jong is, ga dan naast hem staan. Is het wat ouder, ga dan wat verder weg staan. Houd voor de veiligheid echter wel een oogje op je kind.
In een winkelcentrum is een bankje een ideale time-outplek. Laat je kind op een bank gaan zitten. Als je kind iets ouder is, ga dan zelf op een ander bankje zitten. Zodoende hebben jullie even pauze van elkaar en kun je even tot jezelf komen! In restaurants zoals de McDonalds, kan een ouder kind even apart aan een ander tafeltje worden gezet.
De meeste kinderen die in openbare gelegenheden een time-out

krijgen, blijven hier rustig zitten. Als jouw kind echter hard gaat huilen, kies dan een time-outplek buiten de winkel, bijvoorbeeld de achterbank van je auto. Een uitgestelde time-out is ook een optie.

'Gedraag je rustig of anders mag je niet met je Supermanpak spelen!'
Mijn zoon Eric van vijf jaar moest twee keer per week met mijn vrouw mee naar de dokterspraktijk waar zij haar allergie-injecties kreeg. In de wachtkamer maakte Eric lawaai en rende hij heen en weer. Mijn vrouw had haar handen er vol aan om hem rustig te krijgen.
Uiteindelijk zei mijn vrouw: 'Eric, jij maakt erg veel lawaai in de wachtkamer van de dokter. De meeste mensen daar zijn ziek en wachten op de dokter. Voortaan mag je als je door de wachtkamer rent en lawaai maakt, de rest van die dag niet meer met je Supermanpak spelen.' Het overkwam Eric maar één keer dat hij het privilege 'spelen met het Supermanpak' kwijtraakte. Hij deed niets liever dan met zijn Supermanpak spelen. Na deze straf werd hij meteen rustig. Sindsdien waren de problemen met druk gedrag in de wachtkamer van de dokter nagenoeg voorbij.
Het lukte mijn vrouw goed het slechte gedrag van onze zoon als ze van huis waren, aan te pakken. Zij gebruikte straf als methode – in dit geval het afpakken van een geliefde bezigheid of privilege.

Als je kind zich in het openbaar slecht gedraagt, let er dan op dat je dat slechte gedrag niet per ongeluk beloont en daardoor versterkt. Een voorbeeld van het belonen van slecht gedrag is dat je je dochter toestaat de reep te houden die ze in de rij voor de kassa pakte zonder te vragen. Snel terug naar huis gaan omdat je kind naar huis wil en een driftbui heeft, is een ander voorbeeld van het belonen van slecht gedrag. Bedenk echter wel dat jonge kinderen snel moe zijn. Laat het winkelen niet te lang duren.
Beloon je kind als het zich goed gedraagt tijdens het winkelen. Prijs je kind of laat het een kauwgombal uit de machine bij de uitgang van de supermarkt pakken, maar doe dit alleen als het lief is ge-

weest. Laat je kind voor je het warenhuis verlaat, nog even kijken naar iets wat het graag wil zien, de poppen op de speelgoedafdeling bijvoorbeeld.

In de auto

Autorijden met een achterbank vol lawaaiige, ruziënde kinderen is een ellendige ervaring voor ouders. Help slecht gedrag te voorkomen door zowel de reis als de auto goed te organiseren. Zorg dat iedereen (ook jijzelf!) een gordel om heeft. Het dragen van een gordel leidt tot minder gedragsproblemen. Door de gordel kunnen kinderen minder gemakkelijk te dicht op elkaar komen te zitten en elkaars territorium betreden (en het is bovendien verplicht). Zo verloopt de reis niet alleen prettiger, maar ook veiliger. Tijdens lange autoritten kan een van de ouders achterin gaan zitten om te voorkomen dat de kinderen gaan ravotten of met elkaar gaan klieren. Vraag je kinderen speelgoed, boeken of een spelletje mee te nemen voor onderweg.
Voordat je vertrekt voor een autorit kun je vaak al inschatten hoe groot de kans is dat je kinderen zich gaan misdragen. Als je problemen verwacht, zeg dan van tevoren tegen je kinderen dat slecht gedrag bepaalde consequenties zal hebben. Vertel ze ook dat je niet vaker dan één keer een waarschuwing zult geven voordat ze de consequentie zullen merken. Een geschikte consequentie is een *uitgestelde time-out* of een milde *logische consequentie*, bijvoorbeeld de auto een paar minuten stilzetten. De auto vijf minuten aan de kant van de weg zetten, heeft meer effect als de reisbestemming aantrekkelijk is voor de kinderen – het strand of een park bijvoorbeeld.
Als een kind een *uitgestelde time-out* krijgt, moet het daar zo snel mogelijk naartoe, meestal direct na thuiskomst. Tijdens een lange autorit moet het de uitgestelde time-out krijgen zodra jullie stoppen bij een parkeerplaats. Je kind blijft dan nog even in de auto terwijl de rest van het gezin al uitstapt. Blijf in dat geval echter wel zelf bij de auto.

Speelactiviteiten buitenshuis

In het park, de dierentuin of op de camping is de *onmiddellijke time-out* gemakkelijk te gebruiken om slecht gedrag van je kind aan te pakken. Wijs een veilige plek aan waar je kind moet gaan zitten – in het park op een bankje, een grote steen, naast een boom, in de speeltuin in een hoek of in de auto op de achterbank. De onmiddellijke time-out is gemakkelijk te gebruiken en effectief als ouders er consequent mee omgaan.

Een moeder stond er versteld van dat de onmiddellijke time-out zo goed werkte om het pestgedrag van haar zoon in het zwembad te verbeteren. Nadat hij twee onmiddellijke time-outs had gekregen, hield hij op met jongere kinderen natspatten en onder water duwen. Zijn gedrag ten opzichte van andere kinderen verbeterde en dat gold zeker ook voor de relatie van zijn moeder met andere moeders. Voorheen had deze moeder het al geprobeerd met standjes geven en schreeuwen, maar die methoden hadden geen enkel effect gehad. Haar zoon trok zelfs gekke gezichten tegen haar als ze hem een standje gaf. Moeder overwoog naar huis te gaan als haar zoon zich misdroeg, maar daarmee zou ze ook zichzelf straffen! De time-out was een milde consequentie, maar zeer effectief in het stoppen van het pestgedrag van haar zoon in het zwembad.

Als je kind zich in de buurt van je huis misdraagt, is het niet nodig het naar binnen te laten komen voor een time-out. Laat het op een specifieke plek gaan zitten, bijvoorbeeld op het tuinhek of op de stoep voor de voordeur. Zoek dan de wekker en zet die binnen gehoorsafstand van je kind neer.

Belangrijke punten om te onthouden

- Zorg dat je het goede gedrag van je kind regelmatig beloont met aandacht en complimenten. Doe dit zowel thuis als buitenshuis.
- Leg voor je van huis weggaat aan je kind uit wat voor gedrag je van hem verwacht.
- Ben je bij vrienden op bezoek, gebruik de time-out dan zoals je thuis gewend bent.
- In openbare gelegenheden kun je een onmiddellijke time-out, een uitgestelde time-out of een straf overwegen.

14 Werken met punten, fiches en contracten

'Even kijken. Je krijgt één punt voor het opruimen van je kamer en één punt voor het afruimen van de tafel. Ik ben echt trots op je dat je deze punten hebt verdiend!'
Kinderen vinden het leuk om met punten te werken. Als Suzanne genoeg punten krijgt, mag ze die inruilen voor een kleine pop.

Een beloningprogramma met punten helpt Suzanne
De zevenjarige Suzanne vertoonde verschillende vormen van probleemgedrag waar haar ouders last van hadden. Ze liet vaak boeken, speelgoed en kleren in haar kamer slingeren. Eerst probeerden haar ouders de troep te laten liggen, zodat Suzanne zelf kon ervaren hoe het was om daarin te leven, maar dat kon Suzanne helemaal niets schelen. Het leek wel alsof ze van de rommel genoot.
Als Suzanne werd gevraagd te helpen met eenvoudige karwei-

tjes, klaagde ze daar vaak over. Ze zei dan dat ze 'te moe' was of ze zei op jengelende toon: 'Helpen is helemaal niet leuk.' Haar ouders probeerden het met mopperen en standjes geven. Maar Suzanne bleef zich verzetten tegen wat zij vroegen. Ondanks hun frustratie hierover begonnen de ouders van Suzanne toch met een speciaal beloningsprogramma, en het gedrag van Suzanne verbeterde binnen twee weken enorm. Hoe hielpen de ouders van Suzanne hun dochter om te veranderen? Ze gebruikten een beloningsprogramma met punten. Lees verder om te zien hoe je zo'n programma kunt ontwikkelen.

Materiële beloningen (een speeltje bijvoorbeeld) en *beloningen in de vorm van een activiteit* (naar het park) helpen kinderen gemotiveerd te raken om hun gedrag te verbeteren. Bied je kind de mogelijkheid punten, fiches of kruisjes te verdienen om daarmee te sparen voor een beloning. Nadat je kind een bepaald aantal punten of fiches heeft verdiend, kan het deze inwisselen voor een bepaalde beloning die het graag wil.
Het verdienen van *symbolische beloningen* motiveert niet alleen kinderen, maar ook volwassenen. Als jij een baan hebt, verdien je een symbolische beloning (in de vorm van geld op je rekening), die je inruilt voor materiële beloningen (een pizza, nieuwe schoenen), en beloningen in de vorm van activiteiten (naar de bioscoop of op vakantie gaan). Om je kind te helpen zich een nieuwe gedraging of gewoonte eigen te maken, is het soms nodig dat je het meer geeft dan complimentjes en aandacht. Is het nieuwe gedrag eenmaal goed aangewend, dan kun je dit speciale beloningsprogramma langzaam terugschroeven en uiteindelijk beëindigen.

Ouders van kinderen van vier en vijf jaar oud kunnen fiches als beloning gebruiken. Beloningen in de vorm van punten werken bij kinderen van zes tot twaalf jaar. Ouder-kindcontracten – een ander type speciaal beloningsprogramma – zijn geschikt voor kinderen vanaf een jaar of zeven, acht tot en met de adolescentie. Laten we deze speciale programma's eens wat beter bekijken.

Punten geven als beloning

Ga volgens zes stappen te werk om een effectief puntenbeloningsprogramma voor je kind samen te stellen:
1. Kies een doelgedrag.
2. Maak een *puntenkaart*.
3. Schrijf een *beloningenlijst met beloningen van verschillende waarden*.
4. Houd de verdiende en bestede punten bij.
5. Pas het beloningsprogramma aan.
6. Stop met het programma.

1. Kies een of meer doelgedragingen waarin je verbetering wilt zien

Je moet in staat zijn het gedrag dat je vaker wilt zien, te benoemen en te tellen, bijvoorbeeld de tafel afruimen na het eten.
Beschrijf het doelgedrag liever in positieve dan in negatieve termen. De ouders van Suzanne vroegen hun dochter bijvoorbeeld om een 'opgeruimde kamer' in plaats van 'dat het geen rommel meer zou zijn in haar kamer'. Ook noteerden ze verschillende andere gedragingen, zoals de vuilnisbak legen, regelmatig haar tanden poetsen, enzovoort.

2. Maak een puntenkaart

Schrijf de doelgedragingen op deze kaart. Noteer ook het tijdstip van de dag waarop je nagaat of het doelgedrag heeft plaatsgevonden of niet. Noteer naast ieder doelgedrag hoeveel punten je kind met dat gedrag kan verdienen (een of meer). Als de kaart klaar is, hang deze als je kind nog klein is op een goed zichtbare plaats op. Oudere kinderen willen meestal niet dat anderen de kaart kunnen zien.

Bekijk de puntenkaart maar eens die de ouders van Suzanne samen met hun dochter maakten. Zij ontwierpen een kaart waarop verschillende gedragingen werden bijgehouden. Voor de meeste ouders is het echter gemakkelijker te oefenen met het werken met een puntenbeloningsprogramma door zich eerst op één probleemgedraging te richten. Kijk ook eens naar de 'puntenkaart voor het verbeteren van *één* gedraging'.

Tabel 14.1 De puntenkaart van Suzanne voor het verbeteren van meerdere gedragingen

verdiende punten

lijst van goede gedragingen (en mogelijke punten)	zo	ma	di	wo	do	vr	za
slaapkamer netjes, controleren om 18.00 uur (2 punten)	0	II	II				
tafel afruimen na het avondeten (elke avond, 1 punt)	I	II	II				
vuilnisbak legen voor 18.00 uur (1 punt)	I	0	I				
tandenpoetsen (na elke maaltijd, 1 punt)	II	I	III				
op tijd thuis zijn na schooltijd (2 punten)	0	0	II				
dag zonder driftbui (2 punten)	0	0	II				
totaal aantal verdiende punten	IIII	IIII / I	IIII / IIII / IIII				

In deze kaart worden verschillende gedragingen een week lang bijgehouden. Hang elke week een nieuwe kaart op.
Tel aan het eind van iedere dag de punten die je kind die dag verdiend heeft bij elkaar op.
Streep de punten in de onderste rij door als je kind deze heeft ingewisseld.

Tabel 14.2 Puntenkaart voor het verbeteren van één gedraging

verdiende punten

Goede gedraging (en mogelijke punten): Kamer is netjes. Dit betekent dat het bed is opgemaakt en alle kleren, speelgoed en boeken op hun plek liggen. Controleren om 7.30 uur (1 punt). Controleren om 18.00 uur (1 punt).

	zo	ma	di	wo	do	vr	za
eerste week	0	I	0	II	I	II	II
tweede week	II	II					
derde week							

Op deze kaart wordt één gedraging gedurende meerdere weken bijgehouden. Hang na afloop van de derde week een nieuwe kaart op.
Als je kind een punt inwisselt voor een beloning, geef dit dan aan met rood of streep dat punt door. Niet-doorgestreepte punten zijn punten die nog niet zijn ingewisseld. Moedig je kind aan zijn punten uit te geven in plaats van op te sparen, want door ze uit te geven, wordt het meer gestimuleerd om nog meer punten te verdienen.

3. Schrijf een beloningenlijst en hang die naast de puntenkaart

Een beloningenlijst is een lijst met kleine *materiële beloningen of beloningen in de vorm van een activiteit* (privileges) die je kind graag wil. Vraag je kind waar het voor wil werken. Suzanne wilde werken voor een stripboek, een speciale pop, een uitje naar de McDonalds, enzovoort.

Tabel 14.3 Voorbeeld van een beloningenlijst

beloningenlijst

beloning	kosten in punten
stripboek	4
uitje naar McDonalds	12
tafeltennissen met papa	4
glas frisdrank	6
pakje suikervrije kauwgom	3
popcorn maken	9
tot half tien opblijven op doordeweekse avond	7
uitje naar het park	8
ijsje uit de vriezer	6
samen videospelletje spelen	4
pizza eten	15
speeltje (niet duurder dan €10,-)	30

Op deze kaart staan diverse materiële beloningen en beloningen in de vorm van een activiteit. Ook is te zien hoeveel punten of fiches je kind voor iedere beloning moet betalen. Hang deze lijst op naast de puntenkaart.

Samen met je kind maken jullie eerst een lijst met mogelijke beloningen en vervolgens bespreken jullie hoeveel punten iedere beloning gaat kosten. Het is niet de bedoeling dat de beloningen te gemakkelijk of te moeilijk te krijgen zijn; daardoor zou je kind zijn enthousiasme voor het programma kunnen verliezen. Heb je eenmaal ervaring opgedaan met het gebruik van een beloningenlijst, dan wordt het steeds gemakkelijker om vast te stellen hoeveel punten een nieuwe beloning zou moeten kosten. In het begin kun je het beste kleine beloningen gebruiken, die je kind en jou niet te veel kosten! Je kind heeft het nodig om regelmatig een beloning te kunnen verdienen.

4. Houd de punten die je kind verdient en uitgeeft, goed bij

Als je kind een punt verdient, noteer dit dan met gepast enthousiasme op de kalender. Prijs je kind uitgebreid voor zijn goede gedrag en het punt dat het heeft verdiend.
Moedig je kind aan punten uit te geven, hierdoor beleeft het meer plezier van het programma. Nadat het een punt heeft uitgegeven en een beloning heeft ontvangen, streep je dat punt door.
Als je kind genoeg punten heeft verdiend om een beloning uit te kiezen, laat het die dan zo snel mogelijk krijgen. Vooral als je kind pas zes of zeven jaar is, is het belangrijk dat je het helpt de punten snel voor de beloning in te wisselen.

5. Pas het programma aan zodat het beter werkt

Bewaar de oude kalenders als je een nieuwe ophangt. Door de oude kalenders samen te bekijken, kunnen jullie zien hoeveel vordering je kind al heeft geboekt met het verbeteren van zijn gedrag.
De kalenders tonen duidelijk hoe goed je programma werkt. Om het programma beter te laten werken, beschrijf je duidelijker wat je kind moet doen om punten te verdienen en nieuwe beloningen op het menu te krijgen. Zorg wel dat je de beloningen alleen geeft als het kind die heeft verdiend. Waarom zou je kind zijn best doen als het beloningen krijgt zonder ervoor te werken?
Sommige ouders geven *boetes* voor slecht gedrag – ze trekken punten af die hun kind al heeft verdiend. Maar als je kind punten kwijtraakt die het al heeft verdiend, kan het ontmoedigd raken over het programma. Gebruik liever in combinatie met het puntenbeloningsprogramma voor goed gedrag andere methoden voor het corrigeren van slecht gedrag, bijvoorbeeld logische consequenties of een time-out. De ouders van Suzanne zetten haar bijvoorbeeld in de time-out als ze een driftbui had. Na een dag zonder driftbuien verdiende ze twee punten. Het aantal driftbuien van Suzanne nam snel af.

6. Bouw het programma af

Ga niet eindeloos door met het puntenbeloningsprogramma, stop ermee als het gedrag van je kind is verbeterd. Vertel je kind dat de punten hebben geholpen zijn gedrag te verbeteren en dat jij trots bent op de verbeteringen. Ga door met het prijzen van het verbeterde gedrag van je kind en stop met het puntenbeloningsprogramma. Het programma afbouwen kan op verschillende manieren. Geef geen punten meer als je kind er niet om vraagt. Laat meer tijd verstrijken tussen het verdienen van de punten en het innen van de beloning. Geef eventueel een 'feestje' om te vieren dat je kind 'geslaagd' is voor het programma. Ga bijvoorbeeld met het hele gezin eten in een restaurant dat je kind heeft uitgekozen.

Fiches als beloning geven

Fiches als beloning geven
Een doorzichtige plastic bus is een goede plaats om jonge kinderen hun fiches in te laten bewaren.

De meeste kinderen van vier of vijf jaar verdienen liever fiches dan punten, omdat ze fiches kunnen vasthouden en ermee rond kunnen lopen. Gebruik pokerfiches, speelgoedgeld of andere kleine voorwerpen als fiches. Je kind heeft iets nodig om de fiches in te stoppen, een plastic pot of mok bijvoorbeeld. Als je kind vier of vijf jaar oud is, moedig het dan aan de pot met fiches op een speciale plaats te bewaren, zodat het de fiches niet kwijtraakt of verliest.

Nu moet je een doelgedraging kiezen en een beloningenlijst samenstellen. Geef je kind in plaats van punten fiches voor goed gedrag. Knip voor jonge kinderen plaatjes van beloningen (een speeltje, een ijsje) uit voor op de beloningenlijst. Teken naast het plaatje van de beloning het aantal fiches dat het voor de beloning moet betalen.
Geef je kind een fiche als het de gewenste doelgedraging vertoont.

Zodra je kind voldoende fiches heeft verdiend, kan het die inwisselen voor een beloning. Een beloningsprogramma met fiches is eenvoudig om mee te werken als het eenmaal is opgezet en je kind heeft begrepen dat het de fiches kan inwisselen voor 'fijne dingen'.

Fiches en ijsjes

Sandra van vier gaf bijna nooit antwoord en kwam niet als haar moeder haar riep. Moeder besloot een beloningsprogramma met fiches te gaan gebruiken en Sandra iedere keer dat ze wel kwam als zij haar riep, een fiche te geven. Sandra zei dat ze wilde werken voor een ijsje uit de vriezer. Moeder zei dat een ijsje vijf fiches kostte.
Een week lang verdiende Sandra een of twee ijsjes per dag. Moeder bouwde het beloningsprogramma met de fiches geleidelijk aan weer af. Toch bleef Sandra komen als haar moeder haar riep.

Een ouder-kindcontract opstellen

Een ouder-kindcontract is een overeenkomst op papier tussen jou en je kind. Alle partijen gaan bij elkaar zitten om vast te stellen wat het probleem is, te praten en te onderhandelen over een oplossing, verantwoordelijkheden te benoemen, de overeenkomst te ondertekenen. Vervolgens kunnen jullie met het contract aan de slag.
Met kinderen vanaf een jaar of zeven à acht kun je al met een contract werken, maar gezinnen met adolescenten hebben het meeste baat bij het contract als middel om problemen op te lossen.
Bedenk een probleem waar jullie gezin mee kampt. Overweeg een ouder-kindcontract op te stellen om dit probleem op te lossen.

'Hij is zielig in zijn eentje in de schuur'

'Het is zielig voor hem dat hij helemaal alleen in de schuur zit', bepleitte Tim van acht. 'Hij krijgt het daar koud. Kijk, hij probeert altijd een nestje te maken om warm te blijven. Ik wil hem bij mij op de kamer.'
Al twee weken hoorde de moeder van Tim deze litanie aan. Ze had er genoeg van Tim te horen zeggen dat hij zijn woestijn-

ratje bij zich op de kamer wilde. Ze vond het sneu voor Tim en zijn rat dat ze niet bij elkaar konden zijn. Maar ze wist ook dat ze er genoeg van zou krijgen de rotzooi van de rat op te ruimen als Tim hem naar binnen zou verhuizen.

De vader van Tim stelde voor om met hun drieën een overeenkomst op papier te zetten waarin duidelijk stond vermeld dat het schoonhouden van de kooi de verantwoordelijkheid van Tim was. Verder zei vader dat ook in het contract vermeld moest worden wat er zou gebeuren als Tim zich niet aan zijn deel van de afspraak hield. Als Tim de kooi niet regelmatig schoonmaakte, zou deze weer in de schuur worden gezet.

Het contract werd opgesteld, van een datum voorzien en door alle drie gezinsleden ondertekend. Het gezin van Tim had een nieuwe manier ontdekt voor het omgaan met onderlinge meningsverschillen – het ouder-kindcontract.

Ga bij het schrijven en gebruiken van een contract volgens deze vier stappen te werk

1. Stel een probleem vast.
2. Onderhandel met je kind over een oplossing.
3. Stel de overeenkomst op schrift.
4. Teken het contract en houd je eraan.

1. Stel een probleem vast

In een contract gaat het meestal om één enkel, duidelijk probleem dat het gezin aangaat, zoals in het geval van Tim, die zijn woestijnrat op zijn kamer wilde. Zorg dat er geen vage, moeilijk meetbare doelstellingen in het contract terechtkomen, bijvoorbeeld 'een betere houding'. Contracten worden met succes gebruikt om kinderen aan te moedigen na schooltijd direct naar huis te komen en een tijdstip vast te stellen voor het dagelijkse huiswerk. Onderhandel met je kind over een contract voordat je het een huisdier geeft. Een contract opstellen is ook heel nuttig als je je kind iets geeft wat gevaarlijk kan zijn, bijvoorbeeld een klappertjespistool, pijl en boog

Ouder-kindcontracten – soms een effectieve oplossing
'Ik zal het echt doen. Ik zal zijn kooi iedere week schoonmaken. En dan mag hij van mama en jou in mijn kamer. Zullen we het contract nu ondertekenen!'

Voorbeeld van een ouder-kindcontract
Contract
Ik, Tim, stem ermee in dat ik: (1) de kooi van mijn woestijnrat elke zaterdag zal schoonmaken en (2) iedere zaterdag om de kooi heen zal stofzuigen.
Wij, de vader en moeder van Tim, stemmen ermee in dat: Tim de woestijnrat op zijn kamer heeft. Als de kooi en de vloer eromheen niet elke zaterdag worden schoongemaakt, gaat de woestijnrat terug naar de schuur.
Datum ingaan contract: 13 juni
Datum einde contract: Contract loopt door zo lang de woestijnrat zich in de kamer van Tim bevindt.
Datum ondertekening: 13 juni
Overeengekomen door:
Tim
(handtekening kind)
Moeder
(handtekening moeder)
Vader
(handtekening vader)

of een scheikundeset. In het contract moet dan worden vermeld dat het dit voorwerp tijdelijk kwijtraakt als het er onvoorzichtig mee is.

Contracten helpen gezinnen helderheid te krijgen over afspraken en verantwoordelijkheden. Als Tim de kooi van zijn rat niet zoals afgesproken elke week schoonmaakt, moet zijn rat terug naar de schuur.

Bij adolescenten worden contracten onder andere gebruikt om spijbelen van school tegen te gaan of een tijd vast te stellen waarop ze thuis moeten zijn als ze uit zijn geweest. Is je kind oud genoeg om op een brommer of scooter te rijden, dan kun je een contract opstellen over de regels waar het zich aan moet houden om brommer te mogen rijden.
Zie hoofdstuk 20 voor voorbeelden van de manier waarop een op schrift gestelde overeenkomst tussen een kind, leerkracht en ouder de vorderingen op school of zijn gedrag ten goede kunnen komen.

2. Onderhandel met je kind over een oplossing

Probeer gezamenlijk tot een oplossing te komen in plaats van deze eenzijdig op te dringen. Hoe ouder je kind is, hoe meer echte zeggenschap je het moet geven bij het helpen bedenken van een oplossing. Dat betekent dat je de beste ideeën van zowel je kind als jezelf gebruikt. Leg een adolescent niet eenzijdig een contract op. Doe je dat wel, dan kan dat leiden tot verzet en het conflict in jullie gezin alleen maar erger maken.
Zorg dat ook je partner bij het gehele onderhandelingsproces betrokken blijft. Het gebeurt wel eens dat een drukbezette echtgenoot of echtgenote probeert de verantwoordelijkheid voor de onderhandelingen af te schuiven op zijn of haar partner. Kies voor het gesprek een tijdstip waarop iedereen relatief kalm is. Wees geduldig, positief en richt je op het concrete gedrag of de concrete acties die je graag wilt zien.
Voordat ons gezin zich abonneerde op kabeltelevisie staken we flink wat tijd in het praten over de problemen die zich zouden kunnen voordoen en de mogelijke oplossingen hiervoor. Mijn vrouw en ik waren er bezorgd over dat onze zoons te veel tv zouden kijken of naar programma's met seks en geweld zouden kijken. Na een aan-

tal weken van onderhandelen, tekenden we met ons vieren een contract. Dat contract hielp later een hoop onmin in het gezin te voorkomen.

3. Schrijf op wat er is overeengekomen

In het contract moet vermeld worden waar jij je op vastlegt en waar je kind zich op vastlegt. Gebruik heldere en positieve bewoordingen, zodat je kind het contract kan begrijpen en zich er ook door aangemoedigd voelt. Vermeld wat de gevolgen zullen zijn als de partijen zich niet aan de overeenkomst houden. Neem ook een datum op waarop het contract eindigt of er opnieuw moet worden onderhandeld.
Dit contract moet alle partijen recht doen. Iedereen moet er iets bij winnen en iedereen moet iets toegeven. In het contract staat voor alle betrokkenen vermeld wat er van ze verwacht wordt en wat ze daarvoor terugkrijgen. Bekijk het contract maar eens dat de ouders van Tim samen met hun zoon opstelden.

4. Onderteken het contract, hang het op en houd je aan de afspraken die erin staan

Als alle partijen het contract hebben ondertekend, hang het dan op aan een prikbord of leg het op een plek waar iedereen het kan vinden. Als je kind zegt dat het zich ten opzichte van zijn vrienden ongemakkelijk voelt bij een contract dat op een zichtbare plek hangt, bevestig het dan op een onopvallende plek of stop het in een speciale map. Bewaar alle oude gezinscontracten in de map 'Gezinscontracten'.
Als je kind zich niet aan de afspraken houdt, laat dan de in het contract vermelde consequenties in werking treden. De meeste gezinnen die werken met contracten, ervaren deze als een geweldig hulpmiddel bij het voorkomen en oplossen van problemen.

Belangrijke punten om te onthouden

- Beloningen in de vorm van punten of fiches kunnen je kind motiveren verbetering aan te brengen in allerlei soorten probleemgedrag.

- Nadat je kind punten of fiches heeft verdiend, kan het tastbare beloningen en privileges uitkiezen van een beloningenlijst.
- Ouder-kindcontracten helpen bij het oplossen van gezinsproblemen en zijn vooral geschikt voor meningsverschillen tussen ouders en oudere kinderen.

15   Twee kinderen een time-out geven

Onderlinge ruzies tussen de kinderen zijn voor ouders een veelvoorkomend probleem

Als twee kinderen zich misdragen, is het niet altijd nodig om te weten wie er begon of wie het meest te verwijten valt. Stuur de kinderen gewoon naar twee aparte plekken voor een time-out.

In dit hoofdstuk leer je waarom *een time-out voor twee kinderen* een effectieve methode is om problemen tussen de kinderen op te lossen. Je leert ook wanneer en hoe je de time-out voor twee kunt gebruiken. Deze methode werkt het beste bij kinderen vanaf een jaar of drie, vier.

Conflicten tussen kinderen verminderen

Time-out voor twee

Ruben van tien en Sasha van zeven waren bezig gekke bekken naar elkaar te trekken en elkaar uit te schelden. Aangezien hun vader dacht dat Ruben was begonnen met ruziemaken, stuurde hij alleen hem naar de time-out.
Terwijl Ruben uit de time-out kwam, hoorde vader hoe er opnieuw een ruzie tussen Ruben en zijn zusje oplaaide.

Sasha: 'Jij moest naar de time-out, Ruben! Ha, ha! Papa kiest mijn kant en hij stuurt jou naar de time-out!'
Ruben: 'Hou je kop! Je weet best dat jij begon met schelden. Wil je dat ik je op je bek sla?'
Sasha: 'Probeer het maar! Jij bent een kleuter en jij begint altijd met ruziemaken en papa en mama weten dat!'
Op dat moment komt vader aanlopen, boos op beide kinderen.
Vader: 'Time-out voor ruziemaken! Sasha, jij naar de badkamer! Ruben, jij naar de achterste slaapkamer! Vooruit!'
Goed gedaan, vader! Hij ziet in dat er voor ruziemaken twee partijen nodig zijn. En hij begint zich te realiseren dat een time-out voor twee vaak beter werkt dan slechts één kind corrigeren of zelf de aanhoudende problemen tussen zijn kinderen oplossen.

Uitschelden, dreigende gebaren maken, luidruchtige ruzies, pesten, schoppen en slaan zijn gedragsproblemen waarmee ouders regelmatig worden geconfronteerd. Door als scheidsrechter op te treden, kun je te veel verantwoordelijkheid op je nemen voor het oplossen van de problemen tussen je kinderen. Het gebeurt te vaak dat ouders tussenbeide komen en proberen vast te stellen wie van de kinderen de ruzie begon om de schuldige te kunnen aanwijzen en hem of haar een standje te kunnen geven. Het gevolg hiervan is dat de kinderen te afhankelijk van hun ouders worden voor het oplossen van hun problemen, in plaats van dat ze leren hun conflicten zelf op te lossen. En er is altijd een kans dat de ouders het verkeerd zien.
Veel kinderen vinden het heerlijk om hun broertje of zusje in de

problemen te brengen. Een slim kind kan een ruzie beginnen en het doen lijken alsof het andere kind begon met ruziemaken. Soms lokt een jonger kind dat hulpeloos of onschuldig lijkt, een ouder kind uit om hem te treiteren. Als kinderen een conflict hebben of ruziemaken, is het vaak lastig om uit te maken wie er met het conflict begon.

Kinderen zijn gek op aandacht van hun ouders. Misschien hebben je kinderen wel geleerd dat ze aandacht van jullie krijgen door constant met elkaar te ruziën en te kibbelen. Natuurlijk vind je het niet leuk om het conflict tussen je kinderen aan te horen en te zien.

Maar door je ermee te bemoeien en het conflict zelf op te lossen, kun je 'per ongeluk' een of beide kinderen belonen voor hun voortdurende geruzie.

Wat moet je als ouder dan doen? Als twee kinderen ruziemaken of vechten, overweeg dan beide kinderen naar de time-out te sturen zonder na te gaan wie er is begonnen.

Beide kinderen een time-out geven, heeft drie voordelen. Ten eerste hoef je geen partij te kiezen of te bepalen wie van de kinderen het meest schuldig is. Ten tweede beloon je op deze manier het geruzie van je kinderen niet per ongeluk door ze alle aandacht te geven terwijl je het conflict probeert op te lossen. Ten derde ontmoedig je beide kinderen om door te gaan met ruziemaken, aangezien het gevolg van ruziemaken voor alle twee een saaie en vervelende time-out is.

Wanneer geef je twee kinderen een time-out?

In het voorgaande zagen we al dat een time-out voor twee kinderen een effectief middel is om problemen tussen twee of meer kinderen aan te pakken. Verder kun je de time-out voor twee ook gebruiken wanneer je kinderen *samen* de fout in gaan, ook als er geen sprake is van een onderling conflict en de kinderen het samen wel gezellig hebben. Stel bijvoorbeeld dat je kinderen ook na diverse standjes van jouw kant nog steeds doorgaan met elkaar door het hele huis achterna te zitten, tikkertje te spelen en met deuren te slaan. Dat is een geschikt moment om beide kinderen een time-out te geven.

Time-out voor vier

Mijn zoon Eric van vijf jaar speelde een keer op zaterdagmorgen bij ons in huis met drie kinderen uit de buurt. De kinderen werden steeds wilder en luidruchtiger in hun spel. Ze bleven met deuren slaan en door het huis rennen, ook nadat ik tegen ze had gezegd dat ze daarmee op moesten houden.
Uiteindelijk zei ik: 'Time-out omdat jullie te wild doen! Eric, jij in die hoek. Lisa, jij in die hoek! Amy, jij daar naartoe en Jeffrey, jij gaat in die hoek zitten!' Alle kinderen liepen naar een hoek en gingen daar zitten. Ik stelde de wekker in op vijf minuten, hun gemiddelde leeftijd, en zette deze midden in de kamer. Deze kinderen uit de buurt hadden geleerd mee te werken aan de time-out, omdat ze wisten dat ze, als ze dat niet zouden doen, meteen naar huis gestuurd zouden worden.
Na een paar minuten ging de bel. Het was de moeder van Lisa en ze zocht haar dochter! Ik zei: 'Lisa en de andere kinderen hebben een time-out omdat ze door het huis renden.' De moeder van Lisa vroeg: 'Wat is een time-out?' Terwijl ik begon met uitleggen, liep de wekker af en kwamen de kinderen tevoorschijn. Lisa liep naar haar moeder. Terwijl Lisa en haar moeder door de voortuin liepen, hoorde ik Lisa haar moeder uitleg geven over de time-out.

Kijk de lijst 'Slechte gedragingen die een time-out verdienen' uit hoofdstuk 4 nog eens door en doe dit ook met de paragraaf 'Wat houdt een time-out in?' Voor bijna alle genoemde gedragingen is een time-out voor twee een passende aanpak als beide kinderen deze samen vertonen.
Voordat je begint met het gebruiken van de time-out voor twee kinderen, moet je ervaring hebben opgedaan met de time-out voor je kinderen individueel. Zet je kinderen alleen allebei in de time-out als ze zich echt alle twee misdragen.
Gebruik dan meteen de *time-out-* en *10-10-methode* (10 woorden en 10 seconden). Zeg tegen beide kinderen dat ze naar aparte time-outplekken moeten. Let goed op dat er niemand speelgoed meeneemt naar de time-out en dat de kinderen elkaar niet kunnen zien terwijl ze in de time-out zitten. Zet de wekker op een plek waar beide kinderen hem kunnen horen afgaan. Natuurlijk kunnen er

ook meer dan twee kinderen naar de time-out worden gestuurd, mits ieder van hen de time-out zelf al eens eerder heeft meegemaakt.

Als het ene kind zes jaar is en het andere bijvoorbeeld tien jaar, hoelang moeten de kinderen dan in de time-out blijven? Zet de wekker dan op acht minuten, de gemiddelde leeftijd van beide kinderen.

Let erop dat je je kinderen als ze zich goed gedragen en het gezellig met elkaar hebben, beloont met aandacht en speciale privileges. Na een gezellige ochtend thuis zei een moeder van twee jonge kinderen: 'Jullie zijn zo lief met elkaar aan het spelen vanochtend. Vanmiddag gaan we naar het park! Als jullie gezellig samen spelen, is het veel leuker om ergens met jullie naartoe te gaan!'

Belangrijke punten om te onthouden

- Aangezien er twee nodig zijn om ruzie te maken, kun je overwegen een *time-out voor twee* te geven.
- Gebruik de *time-out-* en de *10-10-methode* om twee of meer kinderen naar de time-out te sturen. Stuur ze naar aparte plekken en zet de wekker op het aantal minuten dat overeenkomt met hun gemiddelde leeftijd.
- Twee kinderen een time-out geven, heeft meerdere duidelijke voordelen boven andere methoden voor het aanpakken van aanhoudende problemen tussen kinderen.
- Als je kinderen zich goed gedragen en gezellig met elkaar spelen, zorg dan dat je ze beloont met veel aandacht en door ze te prijzen.

16 Speelgoed in plaats van het kind een time-out geven

Problemen waarmee ouders worden geconfronteerd
'Die is van mij!'
'Nietes, van mij!'
Speelgoed veroorzaakt vaak problemen tussen kinderen. Sommige kinderen slaan anderen met speelgoed, beschadigen het meubilair met hun speelgoed of weigeren het met anderen te delen.

Een time-out voor speelgoed – een effectieve oplossing
'Volgende keer kunnen we er beter samen mee spelen. Als we het niet delen, kan er niemand meer mee spelen. Dan zet papa het speelgoed in de time-out...'
Jasper en Sanne zullen in het vervolg minder snel ruzie maken om een stuk speelgoed. De kans dat ze het zullen delen, is groter geworden. Speelgoed een time-out geven is een effectieve en milde methode om het gedrag van kinderen te verbeteren.

In dit hoofdstuk beschrijf ik een nuttige variatie op de time-out: time-out voor speelgoed in plaats van voor het kind.[1] Deze effectieve methode om je kinderen te corrigeren, is eenvoudig toe te passen. Andere vaardigheden die in dit hoofdstuk worden besproken, zijn om beurten spelen met behulp van een wekker en het deponeren van persoonlijke bezittingen in een *zondagdoos*, wanneer deze door het huis slingeren.

Een time-out toepassen op de robot in plaats van op de kinderen

Gisteravond was vader enthousiast thuisgekomen met een speelgoedrobot voor Joris van vijf en Nikki van zes jaar. Maar vanochtend merkte hij tot zijn ergernis dat hij vooral bezig was met bepalen wie de robot 'eerst had', met pogingen de kinderen zover te krijgen om de beurt met de robot te spelen en met standjes uitdelen voor hun geruzie.
Om een einde te maken aan het bijna constante gekibbel, besloot vader uiteindelijk de robot in de time-out te zetten. Hij zette de robot boven op de koelkast, stelde de draagbare wekker in op tien minuten en zette deze naast de robot. Daarna wendde hij zich tot zijn kinderen en zei: 'Als de wekker is gegaan, zal ik de robot weer voor jullie van de ijskast pakken. Maar als jullie problemen blijven maken over het delen van de robot, gaat hij weer in de time-out!'
Die morgen hoefde de robot niet meer naar de time-out, want Joris en Nikki leerden dat ze hun nieuwe speelgoed konden delen zodat het niet naar de time-out hoefde. Beide kinderen leerden dat ze, als ze doorgingen met ruziemaken over hun nieuwe speelgoed, er niet meer mee zouden kunnen spelen.

1 Als je een time-out toepast op speelgoed of een ander voorwerp, raakt je kind tijdelijk het privilege kwijt om met dat voorwerp te spelen. Deze time-outprocedure, die volgt op slecht gedrag van het kind met het voorwerp, kan ook als een *logische consequentie* worden gezien.

De time-out toepassen op speelgoed en een einde maken aan slecht gedrag

Kinderen brengen heel veel tijd door met spelen met hun speelgoed en andere voorwerpen. Speelgoed biedt kinderen een manier om sociaal contact te hebben met andere kinderen en met hun ouders. Overweeg *een time-out voor speelgoed* in plaats van een andere correctiemethode om je kind meer zelfbeheersing te leren. Er zijn drie situaties waarin je kunt kiezen voor een time-out voor het speelgoed in plaats van voor het kind: (1) Je kind misdraagt zich terwijl het met het speelgoed speelt (het beschadigt bijvoorbeeld het meubilair met het speelgoed); (2) twee kinderen ruziën en kibbelen om een stuk speelgoed in plaats van het te delen; en (3) twee kinderen misdragen zich en dat gedrag heeft te maken met een stuk speelgoed (overgooien met duur speelgoed dat niet bedoeld is om mee te gooien bijvoorbeeld).

Als je kind een ander kind uitnodigt om te komen spelen en beide kinderen vertonen slecht gedrag dat met speelgoed te maken heeft, zou je het speelgoed in de time-out kunnen zetten. De ouders van het andere kind zullen minder snel protesteren tegen een time-out voor het speelgoed – al begrijpen ze er misschien niet zoveel van! Voor volwassenen die verantwoordelijk zijn voor meerdere kinderen tegelijk, bijvoorbeeld een leidster op een peuterspeelzaal of een kinderdagverblijf, is de time-out voor speelgoed een ideale methode om de kinderen te corrigeren.

Je vraagt je misschien af waarom ouders zouden moeten kiezen voor een time-out voor speelgoed in plaats van een time-out voor het kind. Een kind dat in de time-out, zit raakt daarmee mogelijkheden kwijt om nieuwe dingen te leren en nieuw gedrag uit te proberen dat belonend of prettig kan zijn. Je wilt niet dat je kinderen te veel tijd in de time-out doorbrengen. Verder geldt: *als je corrigeert, gebruik dan de mildste methode die nog werkt om gedrag te veranderen.* Een time-out voor speelgoed is een mildere vorm van correctie dan een time-out voor je kind. Een time-out voor het speelgoed biedt jou een effectief alternatief voor de time-out voor je kind en is een extra middel om je waarschuwingen kracht bij te zetten.

Als twee kinderen keer op keer kibbelen over een stuk speelgoed, maak je er dan niet te druk om wie er fout zit of de schuld moet krijgen van de ruzie. *Kies geen partij.* Zet gewoon het speelgoed in de time-out. Op die manier worden beide kinderen niet beloond voor hun geruzie en gekibbel. Ook zullen de 'strijdende partijen' nadat ze hun speelgoed zijn kwijtgeraakt, gemotiveerder zijn om hun problemen in de toekomst zelf op te lossen.

Stappen voor het in de time-out zetten van speelgoed

Hoe ga je te werk als je speelgoed in de time-out zet? Gebruik de time-out- en 10-10-methode. Als je kind zich misdraagt met speelgoed, pak dat speelgoed dan snel af en zet het in de time-out. Gebruik niet meer dan 10 woorden en 10 seconden om het speelgoed in de time-out te zetten. Vertel je kind nadat je het speelgoed in de time-out hebt gezet, waarom dit naar de time-out moest. Vraag het hardop na te zeggen waarom het speelgoed naar de time-out moest. Houd het kort en geef geen standje.

Vraag niet van je kind om het speelgoed zelf in de time-out te zetten. Jij kunt het sneller en je vermijdt zo ook een mogelijke machtsstrijd. Gebruik altijd een draagbare wekker. Die geeft je kind een signaal wanneer het weer met het speelgoed mag spelen. Een (kook)wekker gebruik je om dezelfde redenen als bij een time-out voor je kind. Herlees 'Redenen voor het gebruiken van een (kook)wekker' in hoofdstuk 10.

Tabel 16.1 Speelgoed en andere voorwerpen in de time-out zetten: een oplossing voor hardnekkige problemen	
probleemgedraging	**een oplossing**
1. Twee zussen van tien en dertien jaar oud blijven maar kibbelen over de vraag naar welk tv-programma ze zullen kijken. Ze klagen herhaaldelijk bij hun moeder en willen dat zij hun probleem oplost.	1. Moeder zet de televisie uit, stelt een wekker in op tien minuten en zet die op de televisie. Indien nodig, kan ze die procedure herhalen.
2. Abel van vier komt meerdere malen te dicht bij de weg met zijn fiets terwijl zijn vader hem al gezegd heeft dat hij dat niet moet doen.	2. Vader zet de fiets twintig minuten in een timeout-plek in de schuur.
3. Esmée van zes speelt tikkertje met haar hamster.	3. De hamster wordt in zijn kooi teruggezet en mag er de rest van de dag niet meer uit.
4. Casper en zijn vriendje, beiden vier jaar oud, gooien elkaars blokken om en dreigen ermee naar elkaar te gooien.	4. De moeder van Casper zet een wekker op tien minuten en zet deze naast de stapel blokken. Moeder geeft ook het verbaasde vriendje van Casper uitleg over de time-out.
5. Saskia klaagt regelmatig dat haar broertje haar niet aan de beurt laat komen bij hun nieuwe videospel.	5. Vader zet het videospel uit en stelt de wekker in op tien minuten. Het kan nodig zijn deze procedure meermaals te herhalen.
6. De stereo in de woonkamer doet het hele huis weer eens op zijn grondvesten schudden.	6. De stereo wordt uitgezet en de draagbare wekker wordt op vijftien minuten ingesteld en op de stereo geplaatst.

Het is natuurlijk aan de ouders om te beslissen welke gedragsproblemen ernstig genoeg zijn om een milde correctie als de time-out voor speelgoed te rechtvaardigen. Er zijn andere manieren dan de time-out om de bovenstaande problemen op te lossen. Een time-out voor speelgoed is echter wel snel en effectief en voor ouders een gemakkelijke methode.

Voor kinderen van *twee of drie jaar*: plaats het speelgoed buiten bereik van je kind op een plek waar je het zelf goed in de gaten kunt houden. Pak de draagbare wekker en stel deze in op twee tot vijf minuten, langer is meestal niet nodig. Zet de tikkende wekker naast het speelgoed, zodat je kind de wekker en het speelgoed samen ziet. Vertel het dan kort waarom het speelgoed naar de time-out moest. Zeg bijvoorbeeld: 'Je hebt met je auto op de tafel geslagen. Daarom heb ik hem in de time-out gezet.' Vertel je kind vervolgens dat het speelgoed weer uit de time-out mag zodra de wekker gaat. Rinkelt de wekker, vertel het dan nogmaals in het kort waarom het speelgoed naar de time-out moest en geef het hem dan terug. Vraag het kind niet sorry te zeggen voor zijn slechte gedrag of te beloven dat hij het niet meer zal doen.

Voor kinderen van *vier jaar en ouder* is het meestal niet nodig het speelgoed buiten bereik van het kind te plaatsen. Zeg gewoon: 'Time-out voor (noem het voorwerp)! Niet aankomen!' Pak de wekker, zet die op tien of vijftien minuten en zet de wekker bij het speelgoed neer. Leg je kind vervolgens uit waarom je het speelgoed in de time-out hebt gezet. Zeg dat het het speelgoed uit de time-out mag halen nadat de wekker is gegaan. Een tikkende wekker en speelgoed in de time-out worden door niemand aangeraakt. Een kind dat dit wel doet, moet zelf naar de time-out! Zelfs impulsieve kinderen leren zich snel te beheersen en te wachten tot de wekker rinkelt voor ze het speelgoed uit de time-out halen.

Meer ideeën voor ouders

1 Oefenen met om beurten spelen met behulp van een wekker
2 Zondagdoos
3 Afleiden, voor peuters

Oefenen met om beurten spelen

Help je kinderen met behulp van een wekker te oefenen om de beurt met iets te spelen. Een wekker houdt de tijd nauwkeurig bij en is eerlijk voor ieder kind.
Als je kinderen bijvoorbeeld moeite hebben om een nieuw videospel te delen, ga dan met ze zitten en laat ze het gewenste gedrag (elkaar aan de beurt laten komen) oefenen. Laat ieder kind de wekker op vijf minuten zetten en met het videospel spelen tot de wekker gaat. Dan moet het kind dat bezig is met het spel, dit meteen aan het andere kind geven. Het andere kind zet de wekker ook op vijf minuten en begint met spelen.
Ga net zolang door met je kinderen helpen oefenen met het zetten van de wekker en het om beurten spelen tot je zeker weet dat beide kinderen de werkwijze goed kennen. Kiezen de kinderen er dan toch voor om door te gaan met kibbelen over het spel in plaats van het te delen, zet dan het videospel in de time-out. Dit zal beide kinderen motiveren om mee te werken.

Zondagdoos

Het valt vaak niet mee om kinderen zover te krijgen dat ze hun speelgoed, schoenen, kleren, cd's en andere spullen die ze op de grond en door het huis laten liggen, opruimen. Gebruik een 'zondagdoos' voor persoonlijke bezittingen die niet op hun plek liggen. Zet een kartonnen doos, waar je 'Zondagdoos' op schrijft, in de woonkamer of een andere ruimte die je netjes wilt hebben. Zet een wekker op tien minuten en zet deze naast de doos. Vertel vervolgens aan je gezinsleden dat je alle spullen die nog niet op hun plek liggen als de wekker gaat, in de zondagdoos legt. De spullen blijven tot zondag in de doos, waarna je ze aan de eigenaren teruggeeft. Waarschuw verder niet en geef geen standje. Nadat de wekker is gegaan, raap je alle spullen die niet op hun plek liggen, op, legt ze in de doos en zet de doos in een kast. Niemand komt aan de spullen of de zondagdoos tot het zondag is. Kinderen die hun speelgoed en andere spullen meerdere malen kwijt zijn geweest, zullen hun eigen spullen wel opruimen en jij hoeft dan geen standjes uit te delen of tegen hen te zeuren.

Afleiden, voor peuters

Wanneer je twee dreumesen of peuters ziet ruziën of kibbelen om een stuk speelgoed, kun je ze ook proberen *af te leiden*. Trek hun aandacht of probeer hun belangstelling op te wekken voor ander speelgoed of een nieuwe activiteit. Minstens een van de kinderen zal datgene waar hij mee bezig was, wel opgeven en de nieuwe activiteit willen proberen. Daarmee krijgen de kinderen een nieuwe kans samen of naast elkaar te spelen. De meeste kleine kinderen laten zich gemakkelijk afleiden.

Als je kind goed met anderen samenspeelt, beloon hem daar dan voor met prijzende woorden, goedkeuring en aandacht. Jonge kinderen hebben veel *aanmoediging* nodig en ze zijn gek op *prijzende woorden* voor goed gedrag.

Belangrijke punten om te onthouden

- Als het slechte gedrag van je kind te maken heeft met speelgoed, gebruik dan de time-out- en 10-10-methode om het speelgoed in de time-out te zetten.
- Een time-out voor speelgoed en andere voorwerpen biedt je een goed alternatief voor het geven van een time-out aan je kind.
- Help je kinderen oefenen met het zetten van de wekker en het om beurten met speelgoed spelen of elkaar de beurt geven bij een spel.
- Gebruik een zondagdoos voor speelgoed en andere bezittingen die niet op hun plek liggen.

17 Agressief en gevaarlijk gedrag aanpakken

'Help! Help!'
Maak onmiddellijk een einde aan gevaarlijk gedrag. Nadat je een einde hebt gemaakt aan het gevaarlijke gedrag, kun je verschillende effectieve methoden gebruiken om het te corrigeren.

'Ik wilde hem alleen maar bang maken!'

Op een zaterdagmorgen was ik mijn garage aan het opruimen toen ik twee keer een noodkreet hoorde: 'Help! Help!' Eric, mijn zoon van vijf, had een honkbalknuppel in zijn handen en zat Jeff, ons buurjongetje van zes achterna. Het was duidelijk dat Jeffrey doodsbang was en 'rende voor zijn leven'. En gegeven de situatie, waren die gemoedstoestand en dat rennen niet zo vreemd! Ik rende naar buiten en schreeuwde: 'Stop met zwaaien met die knuppel! Niet slaan!' Ik haalde Eric in, griste de honkbalknuppel uit zijn handen en zei: 'Waag het niet iemand achterna te zitten met een honkbalknuppel! Dat is heel erg gevaarlijk!' Daarna zei ik: 'Time-out! Ga onmiddellijk op de drempel zitten, nu!' Eric liep weg naar de time-out. Ik

draaide me om om te kijken hoe het met Jeff was, maar die was verdwenen en had klaarblijkelijk een veilig heenkomen gezocht. Daarna bekeek ik de honkbalknuppel en constateerde enigszins tot mijn opluchting dat het een holle, plastic knuppel was voor het slaan van plastic ballen.
Na afloop van de time-out van Eric hadden we het volgende gesprek:

Vader: 'Eric, iemand slaan met een honkbalknuppel of met wat dan ook, mag niet, nooit! Dat is gevaarlijk en je kunt er de ander heel erg pijn mee doen.'
Eric: 'Ik was helemaal niet van plan om Jeff echt te slaan met de honkbalknuppel. Ik wilde hem alleen maar bang maken!'
Vader: 'Iemand bang maken of slaan met een honkbalknuppel of iets anders mag ook niet. Eric, ik wil het nog een keer van jou horen: wat heb je voor gevaarlijks gedaan?'
Eric: 'Het was gevaarlijk en verkeerd dat ik Jeff achterna zat met een honkbalknuppel. Maar hij wilde mij niet aan de beurt laten komen om de bal te slaan.'
Vader: 'Het was gevaarlijk en verkeerd om Jeffrey achterna te zitten. Wat zou je de volgende keer kunnen doen als Jeffrey jou niet aan de beurt wil laten komen en je wordt boos? Wat kun je doen dat niet gevaarlijk is? Vertel eens.'
Eric: 'Nou, ik zou tegen hem kunnen zeggen dat ik niet meer met hem meedoe als hij mij niet aan de beurt laat komen... ik zou het tegen zijn moeder kunnen zeggen... ik zou naar jou toe kunnen komen en zeggen dat hij mij niet aan de beurt laat komen.'
Vader: 'Ja, dat zijn goede, veilige oplossingen voor als iemand je niet aan de beurt laat komen. Ik ben echt trots op je dat je deze veilige manieren hebt bedacht om het op te lossen als het nog eens gebeurt.'
Eric en ik praatten nog even door over zijn gedrag en gevoelens. Verder borg ik de honkbalknuppel voor een week op, een milde logische consequentie, omdat hij er iemand mee had bang gemaakt.

Voor agressief gedrag bestaan vele motieven. Een kind kan proberen iemand anders pijn te doen, omdat het boos en van streek is, omdat het zijn zin wil krijgen of omdat het de andere persoon wil domineren en controleren. Misschien wil het indruk maken op andere kinderen. Welk motief er ook aan het agressieve gedrag ten grondslag ligt, als ouders hebben we de verantwoordelijkheid een einde te maken aan gedrag waardoor anderen worden bedreigd of zich pijn doen. Kinderen die vaak agressief gedrag vertonen, lopen als tiener en volwassene een hoog risico op aanpassingsproblemen.

Een kind kan ook *zichzelf* in gevaar brengen door belangrijke regels die betrekking hebben op zijn veiligheid, te overtreden of gevaarlijke dingen te doen. Zo kan een kind een drukke weg op rijden met zijn fiets, met lucifers spelen of te dicht bij gevaarlijke apparaten in de buurt komen.

Boven op de balustrade van de brug

Anouk van negen en haar vader liepen door het grote stadspark. Anouk was die middag erg lastig en rende voor haar vader uit, waardoor ze een paar keer bijna verdwaalde. Vader bleef maar schreeuwen en mopperen en Anouk bleef 'haar eigen zin' doen.
Toen ze bij de rand van het park kwamen, rende Anouk weer vooruit en verdween langs het trottoir, dat omhoog liep. Uiteindelijk haalde vader haar in en trof haar aan, gezeten op de hoge balustrade van een voetgangersbrug, kalmpjes naar beneden kijkend waar vier rijen verkeer onder haar door raasden! Vader probeerde kalm te blijven en zei tegen Anouk dat ze rustig van de balustrade af moest komen. Toen gaf hij haar een standje en een time-out van negen minuten onder een grote boom in het park. De rest van de wandeling mocht Anouk niet verder dan drie meter bij haar vader vandaan lopen, op straffe van een onmiddellijke time-out. Al snel had vader Anouk weer in het gareel.

Agressief en gevaarlijk gedrag aanpakken

Wanneer je agressief en gevaarlijk gedrag probeert aan te pakken, heb je daarmee twee doelen. Je eerste doel is het gedrag onmiddellijk te doen ophouden om je kind of anderen te beschermen. Het tweede doel is het gedrag goed aan te pakken zodat het niet opnieuw zal optreden. Houd de volgende stappen in de gaten als je deze twee doelen wilt bereiken:

A. Stop het gedrag, geef een kort standje en benoem het onacceptabele gedrag

Als je kind zich agressief gedraagt of iets gevaarlijks uithaalt, is het soms nodig om meteen tussenbeide te komen en je kind vast te pakken. Er is een tijd voor praten en er is een tijd voor handelen! Treed dus snel op als de veiligheid van je kind of anderen in het geding is.
Nadat je het gevaarlijke gedrag hebt gestopt, geef je het kind een kort maar op strenge toon uitgesproken standje en benoem je het specifieke gedrag. Begeef je voordat je je kind naar de time-out stuurt, niet in een ruzie of discussie. Zeg op luide, vastberaden toon: 'Nee! Je mag nooit... (noem het agressieve of gevaarlijke gedrag)!' Zelf zei ik nadrukkelijk en expliciet tegen mijn zoon: 'Iemand achternazitten met een honkbalknuppel mag nooit!'

B. Zet je kind onmiddellijk in de time-out

Als je agressief of gevaarlijk gedrag corrigeert, is dat een moment dat een onmiddellijke time-out gepast is, en niet een gesprek. Praten komt later wel. Stuur je kind dus nadat je het gevaarlijke gedrag hebt laten ophouden, meteen naar de time-out. Sla deze belangrijke stap niet over en gebruik een wekker!
Misschien vraag je je af: 'Werkt een agressief kind wel mee aan de time-out?' Het antwoord is: 'Ja!' In hoofdstuk 12 zie je hoe je een kind dat zich verzet, kan laten meewerken aan de time-outmethode.
Als je twee kinderen hebt die zich allebei ernstig misdragen en ook allebei tot op zekere hoogte 'schuldig' zijn, gebruik dan de 'time-out voor twee'. Als je de time-out voor twee gebruikt, hoef je niet te weten wie de schuldige of het meest schuldig is. Het geven van een time-out aan twee kinderen wordt besproken in hoofdstuk 15.
Terwijl je kind zich in de time-out bevindt, bereid je je voor op het 'na de time-out'-gesprek. Bedenk voor jezelf wat je gaat zeggen. Denk ook na over de vraag *wat de oorzaak kan zijn* van het gevaarlijke of impulsieve gedrag van je kind.

C. Praat met je kind over zijn agressieve of gevaarlijke gedrag

Na de time-out is het moment aangebroken om met je kind te praten. Vertel je kind nog een keer wat het heeft gedaan dat agressief of gevaarlijk was. Vertel het waarom zijn gedrag onacceptabel was. Vraag het vervolgens om in zijn eigen woorden aan jou te vertellen waarom het gevaarlijk was wat hij deed. Je vraagt het nu nog niet zijn excuses aan te bieden of te beloven dat hij het nooit meer zal doen. Je vraagt het alleen een *beschrijving* te geven van wat het heeft gedaan. Tijdens het gesprek met mijn zoon zei ik: 'Eric, ik wil het nog een keer van jou horen: wat heb je voor gevaarlijks gedaan?' Nadat het kind zijn agressieve of gevaarlijke gedrag heeft benoemd, vraag je het verschillende alternatieven te noemen om het in de toekomst op een veilige manier aan te pakken. Tijdens mijn gesprek met Eric zei ik: 'Wat zou je de volgende keer kunnen doen als Jeff jou niet aan de beurt wil laten komen en je wordt boos? Wat kun je doen dat niet gevaarlijk is? Vertel eens.'

Nadat je kind je heeft verteld wat alternatieve, veilige manieren zijn om zich te gedragen, prijs je het. Moedig het aan om met ideeën te komen. Help het alternatieve manieren te bedenken om in de toekomst met moeilijke mensen om te gaan en problemen op te lossen. De vijfjarige Eric vertelde mij verschillende dingen die hij de volgende keer zou kunnen doen als de buurjongen hem niet aan de beurt wilde laten komen: 'Ik zou tegen hem kunnen zeggen dat ik niet meer met hem meedoe als hij mij niet aan de beurt laat komen... ik zou het tegen zijn moeder kunnen zeggen... ik zou naar jou toe kunnen komen en zeggen dat hij mij niet aan de beurt laat komen.'

Als je kind er niet in slaagt alternatieve, veilige manieren te bedenken om zich te gedragen, moet je het hierbij helpen. Als het zich boos opstelt en weigert met je te praten, stel het praten dan even uit of stuur het eventueel terug naar de time-out, maar doe dit niet vaker dan één keer. Probeer na de tweede time-out nogmaals een gesprek te hebben over alternatieve, veiligere manieren voor je kind om zich te gedragen.

Basisstappen voor het aanpakken van agressief of gevaarlijk gedrag

Stappen die je onmiddellijk moet zetten:
1 Laat het gedrag ophouden.
2 Geef een kort standje en benoem het onacceptabele gedrag.
3 Zet je kind onmiddellijk in de time-out.

Na afloop van de time-out:
4 Vraag je kind wat het heeft gedaan dat agressief of gevaarlijk was.
5 Help je kind een of twee manieren te beschrijven om zich in de toekomst te gedragen op een manier die veilig en/of niet agressief is. Nadat je kind je heeft verteld over deze veiligere manieren om zich te gedragen, beloon je het door het te prijzen.
6 Geef vervolgens een milde logische consequentie of straf (zie hoofdstuk 5).
7 Als je kind in de stemming is om te praten, gebruik dan spiegelend luisteren (hoofdstuk 18).

D. Geef vervolgens een milde logische consequentie of straf

Logische consequenties en straffen worden in hoofdstuk 5 besproken. Als je kind klein is en zich agressief gedraagt tegen het kind dat de schrik van de buurt is, zal het waarschijnlijk wel een *natuurlijke consequentie* ervaren, bijvoorbeeld een blauw oog of andere verwondingen!
Als je zoon of dochter een stuk speelgoed of een voorwerp gebruikt op het moment dat hij of zij zich agressief of gevaarlijk gedraagt,

kun je ook een *time-out voor het speelgoed* of voorwerp voor langere tijd geven. Eric mocht een week lang niet met zijn plastic honkbalknuppel spelen.

Marieke van twaalf vond het leuk om jongere kinderen bang te maken door heel hard met haar fiets op ze af te racen en dan rakelings langs ze heen te rijden. Nadat haar moeder haar fiets voor twee weken achter slot en grendel had gezet, hield Marieke hier voorgoed mee op.

Toen de vader van Anouk haar op de balustrade van de voetgangersbrug vond, mocht zij de rest van de wandeling niet meer dan drie meter bij hem vandaan lopen. Deze korte *inperking* was een logische consequentie van haar eerdere gevaarlijke gedrag.

E. Gebruik spiegelend luisteren als je kind in de stemming is om te praten

Als de time-out voorbij is, probeer dan hardop te raden wat je kind voelde op het moment dat het zich gevaarlijk gedroeg. Vraag je kind daarna of dit inderdaad was wat het voelde. In het volgende hoofdstuk wordt beschreven hoe je gebruik kunt maken van 'spiegelend luisteren' om je kind te helpen met het uiten van gevoelens. Kinderen die inzicht hebben in hun gevoelens en weten hoe ze hun boosheid en frustratie met woorden kunnen uiten, hebben meer controle over hun agressieve, impulsieve gedrag.

Meer hulp voor het agressieve kind

Bij agressieve kinderen zien we veel verbaal en lichamelijk agressief gedrag ten opzichte van gezinsleden, andere kinderen, volwassenen (onder wie ook leerkrachten) en eigendommen. Deze kinderen zijn snel geneigd te slaan, te duwen, te schoppen, te bijten, te spugen, te pesten, te treiteren, te intimideren, een driftbui te krijgen, met dingen te gooien en boos te huilen. Veel kinderen vertonen *enkele* van deze gedragingen *af en toe*, maar het agressieve kind vertoont *bijna al* deze gedragingen *vaak*.

Hoewel de agressie van het kind een bijna 'automatische' reactie is op stress en frustratie, heeft het kind hiermee ook een doel. Met zijn agressie dwingt het anderen het te geven wat het wil. Als de ander met verzet op zijn pogingen reageert of probeert zijn agressieve gedrag te corrigeren, reageert het agressieve kind gewoonlijk door nog agressiever te worden of 'buiten zinnen' te raken. Buiten zinnen raken is een manier van agressieve kinderen om te proberen anderen te controleren. Agressieve kinderen liegen ook vaker en ontkennen vaker verantwoordelijk te zijn voor hun daden.

Agressie kan ernstige consequenties hebben. Een collega-gezinstherapeut en ik werkten met Stefan van negen en zijn gezin. De ouders van Stefan en de kinderrechter schakelden ons in nadat Stefan impulsief een pijp had gepakt en hiermee in een aanval van woede een ander kind had geslagen, waardoor dat andere kind overleed. Wacht dus niet tot morgen met je inspanningen om een agressief gedragspatroon van een kind te corrigeren.

Het agressieve kind is meestal *ongehoorzaam*. Het gehoorzaamt niet als zijn ouders of andere volwassenen het iets vragen – het luistert en gehoorzaamt niet zo goed als andere kinderen. Zijn driftbuien zijn een middel om zijn ouders te 'trainen' ermee op te houden het te vragen dingen te doen die het niet wil doen. Ook zorgt het er door driftig te worden voor dat anderen zich er niet mee bemoeien als het bezig is te doen wat het wil doen.

Problemen waarmee ouders worden geconfronteerd
'Ik vroeg haar alleen maar om het vuilnis buiten te zetten. Ze heeft er blijkbaar geen zin in...'
Gevraagd iets te doen waar ze geen zin in heeft, krijgt het agressieve kind vaak een driftbui.

Het valt niet mee om het agressieve kind te helpen – of zelfs om het aardig te vinden. Een agressief kind kan de sfeer in het gezin of de klas grondig verpesten. Ouders en leerkrachten die proberen het agressieve kind te helpen, hebben vaak veel problemen met hun eigen gevoelens van boosheid en frustratie ten aanzien van het kind.

Veel ouders met boze, onhandelbare kinderen hopen stiekem dat er een oorzaak is voor het agressieve gedrag van hun kind, die ze alleen nog niet hebben kunnen ontdekken. Deze ouders willen ook geloven dat ze hun kind naar een psycholoog kunnen 'sturen', die een 'innerlijk probleem' zal ontdekken en vervolgens met behulp van een nieuwe, effectieve therapie de persoonlijkheid en het gedrag van het kind 'beter zal maken'. Het andere uiterste zijn ouders die zich hulpeloos voelen en geloven dat niets hun zoon of dochter kan helpen.

In werkelijkheid is het zeker wel mogelijk het agressieve kind te helpen en kan er soms een enorme verandering tot stand worden gebracht. Maar dit vergt veel van ouders. Het betekent hard werken, geduld, doorzettingsvermogen, liefde, en het consequent toepassen van de SOS-methoden voor het aansturen van je kind, die in dit boek worden beschreven. Vaak is daarnaast ook professionele hulp nodig. In hoofdstuk 21 wordt beschreven hoe en waar je die hulp kunt vinden.

Als het agressieve kind zich tegen anderen agressief en gevaarlijk *gedraagt*, pas dan consequent de in het voorgaande beschreven 'Basisstappen voor het aanpakken van agressief of gevaarlijk gedrag' toe. Iedere keer dat je kind verbaal of fysiek anderen bedreigt, gebruik je de time-out of een andere milde correctiemethode, bijvoorbeeld een logische consequentie of een straf.

Zorg er wel voor dat je het agressieve kind iedere keer dat het zich niet agressief gedraagt en naar je luistert, beloont met aandacht en prijzende woorden. Verder kun je overwegen met een puntenbeloningsprogramma te beginnen om het te helpen zijn gedrag te verbeteren; dit wordt in hoofdstuk 14 beschreven. Laat je kind punten verdienen met iedere halve dag dat het geen agressief gedrag vertoont. Heeft je kind voldoende punten verdiend, dan mag het die inwisselen voor een materiële beloning of een beloning in de vorm van een activiteit.

Veel kinderen die thuis agressief zijn, zijn dat ook op school. Werk samen met de leerkracht om het agressieve gedrag van je kind te reduceren. Bestudeer hoofdstuk 19 om te leren hoe je succesvol kunt samenwerken met de leerkracht van je kind. Voor het reduceren van agressief gedrag is een gecoördineerd 'offensief' nodig!

Agressief en gewelddadig gedrag is een probleem dat steeds meer

voorkomt. Geweldsincidenten zijn in het nieuws aan de orde van de dag. Onze kinderen worden met veel geweld geconfronteerd en er is in de samenleving sprake van seksualisering. Populaire helden lossen problemen vaak op met grove taal, agressie en geweld.
Het agressieve gedrag van kinderen wordt vaak verergerd doordat ze worden blootgesteld aan 'rolmodellen' die zich agressief gedragen. Ik wijs je er nogmaals op dat het van belang is dat jij en je partner goede rolmodellen zijn voor jullie kind. En zorg dat je kind zo min mogelijk wordt blootgesteld aan agressieve rolmodellen in films, op televisie, in boeken, muziek, computerspelletjes en sporten op televisie zoals worstelen.

Belangrijke punten om te onthouden

- Volg de 'Basisstappen voor het aanpakken van agressief of gevaarlijk gedrag' iedere keer dat je dit gedrag bij je kind ziet.
- Zorg dat je kind minder wordt blootgesteld aan agressieve leeftijdgenoten en rolmodellen in (teken)films, tv-series en popmuziek.
- Je kunt het *agressieve kind* helpen zijn gedrag te verbeteren door gebruik te maken van de SOS-methoden voor het aansturen van kinderen.

18 Je kind helpen met het uiten van gevoelens

'Zeiden ze dat je niet mee mag doen omdat je een meisje bent? Ik kan me voorstellen dat je gekwetst en boos bent...'

'Verboden voor meisjes!'
Vader zat lekker in zijn gemakkelijke stoel met zijn krant en schrok op toen Yvette van tien de voordeur dichtsmeet en de kamer binnenstormde. Ze droeg haar honkbaltenue en op haar gezicht stond een boze uitdrukking. Ze riep: 'De volgende keer schop ik een van die jongens met mijn honkbalschoenen in zijn gezicht!'
Vader: 'Wat is er gebeurd, Yvette? Vertel eens.'
Yvette: 'Ik ging naar buiten om te honkballen en ik mocht van die rotjongens niet meedoen!'
Vader: 'Mocht je niet meedoen van ze?'

Yvette: 'Nee, ze zeiden: "Verboden voor meisjes" en toen lachten ze me allemaal uit.'
Vader: 'Dus ze zeiden dat je niet mee mocht doen omdat je een meisje bent? Ik kan me voorstellen dat je gekwetst en boos bent...'
Yvette: 'Ja, ik ben heel erg boos! En ze hebben me ook gekwetst. Ik dacht dat ze mijn vrienden waren.'
Vader gaf zijn dochter emotionele steun door zich betrokken te tonen, naar haar te luisteren en haar gevoelens te spiegelen. Hij hielp haar zich te realiseren dat ze meer voelde dan alleen boosheid. Ze voelde zich ook gekwetst en afgewezen.

We willen onze kinderen graag behoeden voor teleurstellingen, frustraties en conflicten met andere mensen. Maar ze continu onder onze vleugels beschermen, is niet mogelijk. Wat we wel kunnen doen, is ze helpen de gevoelens die vervelende ervaringen met zich meebrengen, te begrijpen en ermee om te gaan. Met behulp van *spiegelend luisteren* moedigen we onze kinderen aan hun gevoelens te uiten en deze met ons te delen. *Spiegelend luisteren betekent dat je de gevoelens van je kind en de situatie die deze gevoelens lijkt te hebben veroorzaakt, kort samenvat voor je kind.*[1]
Wanneer je kind zijn onplezierige gevoelens met jou kan delen, zal het er minder door gekwetst raken of onder lijden. Het zal ook meer controle krijgen over zijn emoties en gedrag, en betere keuzes maken als het wordt geconfronteerd met de moeilijkheden en teleurstellingen die het dagelijks leven met zich meebrengt. De communicatie met je kind zal verbeteren en jullie relatie zal hechter worden.
Hoe vroeg kunnen ouders beginnen met spiegelend luisteren? Een kind van drie is niet te jong om er baat bij te hebben als zijn ouders zich bondig en in eenvoudige bewoordingen uitdrukken. En jongens hebben evenveel hulp nodig met het uiten van hun gevoelens als meisjes. Voor zowel jongens als meisjes geldt dat ze op latere leeftijd minder aanpassingsproblemen zullen hebben als ze contact hebben met hun eigen gevoel.

---

[1] Spiegelend luisteren wordt ook 'actief luisteren' genoemd.

Gebruik de basisvaardigheden van het spiegelend luisteren

Gebruik de communicatievaardigheid 'spiegelend luisteren' om je kind te helpen te leren zijn gevoelens te uiten. Als je kind zijn gevoelens met je begint te delen, kun je de volgende vijf richtlijnen volgen:

1. Accepteer en respecteer alle gevoelens van je kind

Doe dit door rustig en aandachtig te luisteren en geen oordeel uit te spreken. De *daden of gedragingen* van je kind hoef je natuurlijk niet goed te keuren, het gaat alleen om gevoelens. Je kind kan jou vertellen hoe boos het is op zijn broertje, maar het mag zijn boosheid niet uiten door hem te plagen of te slaan.

2. Laat blijken dat je luistert naar wat je kind zegt

Met je onverdeelde aandacht beloon je je kind voor het uiten van zijn ideeën en gevoelens. Onderbreek dat waar je mee bezig bent, houd oogcontact en luister aandachtig. Laat ook blijken dat je aandacht voor het kind hebt door af en toe iets te zeggen als: 'Hm, hm... ja... hm, hm'.

3. Vertel je kind wat je het hoort zeggen en wat jij denkt dat het voelt

Vat af en toe samen wat het kind tegen je zegt, in andere of dezelfde bewoordingen – dit geldt zowel voor zijn gevoelens als voor de situatie die deze gevoelens lijkt te hebben veroorzaakt.[1] Alleen luisteren en begrip tonen volstaat niet. *Je moet het kind ook met woorden teruguertellen wat het zegt, denkt en voelt.* Dat is *spiegelend luisteren* – een vaardigheid die oefening vergt.

Probeer niet de woorden van je kind *exact* te herhalen. Gebruik *vergelijkbare woorden* die dezelfde betekenis en hetzelfde gevoel uitdrukken. Zeg tegen je teleurgestelde driejarige: 'Je voelt je rot (het gevoel), omdat je vandaag niet met papa mee mocht naar de winkel (de situatie).'

---

[1] Onplezierige situaties en gebeurtenissen hebben zeker invloed op onze gevoelens. Maar de dingen die we onszelf vertellen over deze gebeurtenissen (inwendige zelfspraak), hebben nog meer invloed op onze gevoelens. Overtuigingen en zelfspraak zijn de voornaamste oorzaak van onze emoties en gedrag. In de cognitieve therapie leer je hoe je je beter kunt gaan voelen door onjuiste zelfspraak te corrigeren.

Het kan voorkomen dat je kind dingen zegt waarvan jij heel erg schrikt. Het zegt bijvoorbeeld: 'Niemand op school vindt mij aardig!' Probeer jezelf te herpakken terwijl je luistert en spiegelt wat je kind zegt, en laat je niet meeslepen door een golf van bezorgdheid. Wees een ouder aan wie het iets heeft en moedig het aan alles wat het voelt, te uiten. Het heeft jouw hulp nodig. Door een goed klankbord voor je kind te zijn en goed te spiegelen wat het je vertelt, help je het met zijn gevoelens om te gaan en betere keuzes voor zichzelf te maken.

Kinderen overdrijven vaak zowel hun negatieve gevoelens als de vervelende situatie erachter. Help je kind met behulp van spiegelend luisteren zijn gevoelens en de situatie te begrijpen en helder te krijgen. Zeg alleen niet tegen het kind dat het overdrijft; als je dat wel doet, zal het de volgende keer minder bereid zijn zijn gevoelens met je te delen.

4. Geef de gevoelens van je kind een naam

Het benoemen van gevoelens is de eerste stap op weg naar het begrijpen en beheersen ervan. Bekijk de twee lijstjes met gevoelens: 'Namen voor plezierige gevoelens' en 'Namen voor onplezierige gevoelens'. Hierin vind je etiketten voor veelvoorkomende positieve en negatieve gevoelens die kinderen en volwassenen hebben. Als je kind nog jong is, gebruik dan eenvoudige bewoordingen als je het helpt zijn gevoelens te benoemen.

Nadat je aandachtig hebt geluisterd naar wat je kind zegt en goed naar de daarmee gepaard gaande gezichtsuitdrukkingen hebt gekeken, probeer je op grond hiervan te raden en benoem je voorzichtig wat het voelt. Zeg bijvoorbeeld tegen je zoon van negen: 'Je lijkt een beetje teleurgesteld (een gevoel) of misschien een beetje boos (een ander gevoel) over de manier waarop je juf je heeft behandeld.' Als je de eerste keer de plank misslaat met wat je zegt, probeer het dan nog een keer. Wees respectvol, kalm, en praat rustig. Moedig het kind aan het te zeggen als je het mis hebt en je te helpen het beter te formuleren.

Tabel 18.1 Namen voor gevoelens	
namen voor plezierige gevoelens	
SOS	
geaccepteerd, aardig gevonden	blij
gewaardeerd	goed, geweldig
competent, zelfverzekerd	dankbaar
succesvol	vergenoegd
op zijn/haar gemak, ontspannen	liefde, geliefd
enthousiast	tevreden, gelukkig
vrolijk, eufoor	genieten, leuk vinden
hoopvol, optimistisch	trots
aangemoedigd	gerespecteerd
opgelucht	veilig, zeker
namen voor onplezierige gevoelens	
boos, kwaad	ongelukkig, ellendig
wrokkig, het betaald willen zetten	oneerlijk behandeld
prikkelbaar, chagrijnig	niet bemind, afgewezen
angstig, bang	ontmoedigd
teleurgesteld, in de steek gelaten	in verlegenheid gebracht
eenzaam, buitengesloten	gekwetst
zonder vrienden, afgewezen	moe
waardeloos, nergens voor deugend	verveeld
stom, dom	in verwarring
van streek, gespannen	gefrustreerd
bezorgd, ongerust	minderwaardig
onveilig	schuldig

5. Geef advies, suggesties, stel je kind gerust of reik het andere manieren aan om tegen de situatie aan te kijken, maar doe dit pas nadat je je kind hebt geholpen te onderzoeken hoe het zich voelt

Als je meteen met advies, suggesties en geruststelling op de proppen komt, zal dit je kind hinderen in zijn pogingen zijn gevoelens te uiten en te begrijpen.

Hoe maak je je de vaardigheid van het spiegelend luisteren eigen? De techniek voor het spiegelen van positieve gevoelens is dezelfde als die voor het spiegelen van negatieve gevoelens. De meeste ouders hebben minder moeite met spiegelend luisteren als het om plezierige, positieve gevoelens van hun kind gaat; geldt dit ook voor jou, oefen dan eerst met het spiegelen van de positieve gevoelens van je kind.

Spiegel dus de volgende keer dat je kind je iets vertelt en hierbij positieve gevoelens lijkt te hebben, deze gevoelens (opgewonden, opgelucht, enthousiast, trots of gelukkig bijvoorbeeld). Spiegel tevens de beschrijving van de situatie of de gebeurtenis die deze gevoelens lijkt te hebben veroorzaakt. Zeg bijvoorbeeld: 'Je lijkt opgelucht (het gevoel) omdat je piano-optreden is afgezegd.' Of zeg: 'Je bent duidelijk enthousiast en blij (het gevoel) dat je bent uitgenodigd voor het partijtje van Mike.' Oefen met de vaardigheid van het spiegelend luisteren om deze onder de knie te krijgen.

'Ik heb het gevoel dat ik geen vriend meer heb'

Toen mijn oudste zoon Eric vier jaar was, trof ik hem een keer huilend aan op de schommel in de achtertuin. De tranen stroomden dwars door de modder die zijn gezicht bedekte. Snikkend zei hij: 'Ik haat Jeff! Hij heeft modder in mijn gezicht gegooid!' Ik probeerde zijn gevoel te spiegelen door te zeggen: 'Je bent kwaad op Jeff omdat hij met modder naar je heeft gegooid en ook omdat hij je heeft gekwetst.' Hij antwoordde: 'Ja, ik heb het gevoel dat ik geen vriend meer heb.' We liepen naar het huis en ik hielp hem de modder van zijn gezicht te wassen. Maar belangrijker was dat ik mijn zoon hielp te verwerken dat een vriend hem had gekwetst; meer dan zijn gevoelens van boosheid en gekwetstheid spiegelen, hoefde ik hiervoor niet te doen. Later die middag zag ik Eric en Jeff weer vrolijk samen spelen.

Spiegelend luisteren en problemen die ouders tegenkomen

Wanneer je kind zijn gevoelens naar jou toe uit, kunnen er verschillende problemen ontstaan. Voor al die problemen is er een oplossing.

Probleem A – Je kind uit negatieve gevoelens naar jou toe

Je dochter zegt bijvoorbeeld: 'Ik mag van jou vrijdagavond niet naar de film en daarom ben ik kwaad op je!' Geef haar de ruimte haar negatieve gevoelens te uiten, maar sta niet toe dat ze tegen je scheldt of vertel haar dat ze haar gevoelens wel mag uiten, maar dat je niet accepteert dat ze tegen je tekeergaat of je bedreigt. Als ze ermee doorgaat je uit te schelden of tegen je te schreeuwen, kun je de kamer uitlopen of een milde correctie toepassen.

Kinderen moeten leren hun gevoelens te onderkennen en deze te uiten zonder agressief of onhebbelijk te zijn of te schelden. Let er wel op dat jij, als je jouw gevoelens ten opzichte van je kind uit, je ook aan deze regels houdt en evenmin je boekje te buiten gaat met wat je zegt en de toon waarop je dat doet. Wees een goed rolmodel!

Probleem B – Je helpt je kind over zijn gevoelens te praten. Toch blijft het zich ellendig voelen of met irrationele plannen komen

Je hebt goed naar je dochter geluisterd, haar nuttige suggesties gedaan en de mogelijke gevolgen van haar daden genoemd, maar de twaalfjarige Laura is nog steeds onredelijk. Ze loopt misschien weg en zegt: 'Mijn lerares Engels is gemeen en oneerlijk en ik haat haar! Maar ik zal haar wel eens een lesje leren. Ze zal er spijt van krijgen. Ik ga gewoon door met kletsen in de klas en ik lever mijn verslag te laat in!' Irrationele gevoelens en keuzes van onze kinderen kunnen we vaak niet direct veranderen. Misschien moet Laura beter gedrag leren via de natuurlijke consequenties – de harde leerschool van het leven. Misschien moet het nablijven vanwege haar geklets nog een poosje doorgaan, en moet ze een keer een onvoldoende krijgen voor het verslag dat ze te laat heeft ingeleverd.

Probleem C – Je kind uit kritiek op jouw pogingen tot spiegelend luisteren

Bekijk het volgende gesprek tussen de tienjarige Bart en zijn moeder. Hoewel moeder het spiegelend luisteren goed toepast en precies weergeeft wat Bart haar vertelt, ergert Bart zich toch aan haar. Moeder gaat echter goed door met het toepassen van haar vaardigheden op het gebied van spiegelend luisteren.

> Bart: 'Ik ben kwaad op de ouders van Casper. Hij mag helemaal niets van hen. Ze zijn altijd bang dat hem iets overkomt. Ze behandelen hem als een baby.'

> Moeder: 'Je zegt dat je geïrriteerd bent doordat zijn ouders hem als een baby behandelen?'
> Bart: 'Dat zeg ik toch! Daar doe je het weer, mij nazeggen!'
> Moeder: 'Nou Bart, ik ben gewoon geïnteresseerd in wat jij denkt over Casper en zijn ouders.'
> Bart: 'Oké. Ze behandelen hem als een baby als ze hem niet met mij mee laten gaan naar...'

Het kan ook voorkomen dat je kind zegt dat je zijn gevoelens verkeerd hebt begrepen. Maar dan kom je er later misschien achter dat je het wel bij het rechte eind had.
Als je kind commentaar heeft op jouw spiegelende luisteren, laat je daar dan niet door uit het veld slaan en zeg tegen hem dat je 'het belangrijk vindt te weten wat het denkt en voelt'. Laat de enkele keer dat je kind negatief reageert op je aanpak van spiegelend luisteren, je er niet van weerhouden deze vaardigheden te blijven gebruiken.

Bevorder de emotionele intelligentie van je kind

Wat is emotionele intelligentie? Emotionele intelligentie is het vermogen van je kind om zijn emoties te begrijpen, ermee om te gaan en zijn gedrag hierdoor bij te sturen. Aangezien emotionele intelligentie iets is wat je kind leert, en niet zozeer is aangeboren, kan deze vaardigheid worden verbeterd. Als jij de SOS-methoden goed toepast, zal de aanpassing van je kind in gedrag en emoties beter verlopen, en zal je kind meer veerkracht en een betere emotionele intelligentie krijgen.
Help je opgroeiende kind de volgende vijf vaardigheden te ontwikkelen.

> **Vijf vaardigheden op het gebied van emotionele intelligentie**
>
> - Kennen en benoemen van emoties
> - Omgaan met emoties en deze minder heftig laten worden
> - Herkennen van emoties bij anderen

- Omgaan met relaties
- Zichzelf motiveren om doelen te bereiken

Kinderen die hun gevoelens kennen, kunnen beter met die gevoelens omgaan. Kinderen die hun eigen gevoelens kennen en ermee om kunnen gaan, zijn beter in staat de gevoelens van anderen te herkennen en relaties te onderhouden. Daarom is het zo belangrijk dat je je vaardigheden op het vlak van spiegelend luisteren oefent op je kind. Door je kind te helpen zijn gevoelens en emoties te kennen, help je het een betere emotionele intelligentie te ontwikkelen.

Je zoon let heel goed op je als jij gefrustreerd bent over een probleem of een conflict met iemand anders hebt. Door naar jou te kijken, leert hij hoe hij in de toekomst zou kunnen omgaan met zijn eigen emoties, frustraties en conflicten met anderen. Wees een goed rolmodel!

Belangrijke punten om te onthouden

- Je kind helpen zijn gevoelens te benoemen, is de eerste stap op weg naar het begrijpen ervan en het omgaan ermee.
- *Spiegelend luisteren betekent dat je voor je kind zowel zijn gevoelens als de situatie die deze lijkt te hebben veroorzaakt, samenvat en in andere woorden herhaalt.*
- Oefen met spiegelend luisteren om je kind te helpen zijn gevoelens te benoemen, te begrijpen en te hanteren.
- Oefen het helpen van je kind door zowel zijn positieve als zijn negatieve gevoelens te spiegelen.
- Door spiegelend luisteren worden kinderen geholpen meer controle te krijgen over hun emoties en gedrag.
- Gebruik SOS om de emotionele intelligentie van je kind te bevorderen.
- Als je zelf van streek bent, zorg dan dat je een goed rolmodel bent voor je kind.

19 Meer probleemgedrag – vragen en antwoorden

'Altijd in beweging! Is dat normaal voor een kind van zes?'

In dit hoofdstuk kijken we naar een aantal problemen die veel voorkomen bij kinderen, zoals aandachtstekortstoornis met hyperactiviteit (ADHD), leerstoornissen, bedplassen, enuresis (onzindelijkheid wat het plassen betreft) overdag, verzet tegen het doen van karweitjes en problemen met slapengaan. Je leert meer methoden en vaardigheden om je kind te helpen, onder andere: *winnen van de wekker, huisarrest* en *de ruststoel*. Verder leer je nieuwe manieren om gebruik te maken van *belonen met punten*. Laten we eens kijken naar een aantal vragen die ouders regelmatig stellen.

V: 'Dennis, mijn zoontje van zes, is erg actief, hij is altijd in beweging en luistert niet naar me als ik iets tegen hem zeg. De juf van groep drie zegt dat hij misschien ADHD heeft. Hoe weet ik of Dennis ADHD heeft en wat kan ik doen om hem te helpen als dit echt zo is?'

A: ADHD betekent aandachtstekortstoornis met hyperactiviteit. De meeste kinderen met ADHD zijn chronisch overactief, onoplettend, impulsief, snel afgeleid en hebben vergeleken met andere kinderen van dezelfde leeftijd een korte concentratieboog. Veel kinderen met ADHD hebben op school problemen met leren en met de omgang met leeftijdgenoten en zijn agressief. ADHD komt ongeveer zeven keer zoveel voor bij jongens als bij meisjes. Ouders en leerkrachten van kinderen met ADHD geven vaak aan gefrustreerd en uitgeput te raken door hun pogingen het kind bij te houden. Een vergelijkbare term is ADD: aandachtstekortstoornis; bij deze variant springt hyperactiviteit minder in het oog, maar is er wel een concentratieprobleem.

Problemen die psychologen tegenkomen – als ze kinderen met ADHD onderzoeken
'Waarom maakt hij zo'n rotzooi van mijn spullen? Wie is hier eigenlijk de baas?'

Om erachter te komen of Dennis ADHD of ADD heeft, moet hij worden onderzocht door een kinderarts en getest door een psycholoog. De psycholoog zal zowel met jou als met de leerkracht van Dennis willen spreken. Voor een kind als Dennis is het heel belangrijk dat je hem uitgebreid prijst als hij een activiteit of een karweitje helemaal afmaakt. Alle SOS-methoden zijn juist voor kinderen met

ADHD heel geschikt. Als je psycholoog van mening is dat Dennis extra hulp nodig heeft, zal hij je van advies dienen. Zorg ervoor dat thuis de omgeving goed georganiseerd is. Een ongeorganiseerd huishouden heeft vooral op kinderen met ADHD een ontregelende invloed.

V: 'Mijn dochter van zes treuzelt met het opruimen van haar kamer, het aankleden voor school en het naar bed gaan. Is er een manier om haar te helpen beter op te schieten?'
A: Om meer tempo te krijgen in het trage gedrag van je dochter, kun je gebruikmaken van een heel nuttige methode die *winnen van de wekker* wordt genoemd. Zet een kookwekker op een redelijke tijd en beloon haar als ze de taak af heeft voor de wekker gaat. De volgende keer dat je zegt dat het bedtijd is, kun je de wekker op dertig of veertig minuten zetten. Vertel haar dat je haar zult voorlezen en dat ze een punt op de puntenlijst zal krijgen als ze klaar is voor de wekker. Ze moet haar pyjama aan hebben, haar tanden hebben gepoetst en in bed liggen als de wekker afgaat.
Mopper niet op haar dat ze moet opschieten en geef haar geen standje als ze de wedstrijd verliest. Wint ze het echter wel van de wekker, prijs haar dan, noteer een punt op de puntenlijst en lees haar een verhaal voor.

Vijf manieren waarop wekkers kinderen helpen

1. Met een wekker kun je een kind een time-out geven.
2. Met een wekker kun je twee kinderen een time-out geven.
3. Speelgoed kan ook een time-out krijgen.
4. Met een wekker kunnen kinderen leren elkaar de beurt te geven.
5. Winnen van de wekker is een methode om kinderen beter te laten opschieten.

V: 'Bestaan er nog meer manieren om met een wekker kinderen te helpen?'
A: Er zijn vijf manieren waarop wekkers kinderen kunnen helpen hun gedrag te verbeteren. Met een wekker kun je *één of twee kinderen een time-out geven* als ze zich misdragen, of *een time-out geven aan een stuk speelgoed* dat slecht gedrag oproept. Een wekker kan kinderen *helpen elkaar de beurt te geven* als ze met hetzelfde speelgoed willen spelen, bijvoorbeeld een videospel. Hiervoor werd *winnen van de wekker* om meer

tempo te brengen in traag gedrag, al genoemd. Wekkers zijn redders van ouders, omdat ze gemakkelijk te gebruiken zijn, effectief zijn in het veranderen van gedrag en ouders een slijtageslag besparen. Wekkers zijn ook redders van kinderen, omdat ze niet meer hoeven te luisteren naar het gepreek en gemopper van hun ouders.

V: 'Onze dochter van twaalf krijgt soms een slecht humeur, dan is ze chagrijnig, mopperig en klaagt over alles, heeft kritiek op haar jongere zusje en zegt ook tegen de rest van het gezin vervelende dingen. Moet ik haar naar haar kamer sturen voor haar vervelende gedrag?'
A: Ja, maar probeer eerst met spiegelend luisteren te ontdekken wat haar dwarszit. Spiegelend luisteren wordt beschreven in hoofdstuk 18 'Je kind helpen met het uiten van gevoelens'. Misschien is er niets speciaals met je dochter aan de hand. Thuis chagrijnig doen, kan ook een slechte gewoonte zijn. Zeg tegen haar dat je begrijpt dat ze chagrijnig is. Zeg dat ze het recht heeft te voelen wat ze voelt, maar dat dit niet betekent dat de rest van het gezin onder haar gedrag gebukt hoeft te gaan. Noem het geen time-out, maar stuur haar naar haar kamer. Zeg tegen haar dat ze eruit mag komen als ze kan ophouden met mopperen, klagen en kritiek hebben op haar zusje. Vertel haar niet hoelang ze in haar kamer moet blijven. Zij beslist wanneer ze eruit komt. Soms wordt humeurigheid veroorzaakt door moeheid. Als je dochter chagrijnig is doordat ze moe is, doet ze misschien wel een dutje voordat ze weer tevoorschijn komt.
V: 'Mijn kind van zestien maanden zit overal aan en put me totaal uit. Wat moet ik doen?'
A: SOS gaat niet over kinderen jonger dan twee jaar, de methode is bedoeld voor kinderen van twee tot twaalf!
V: 'Mijn kinderen van zeven en twaalf jaar lopen de kantjes ervan af als het gaat om het helpen van mijn man en mij met karweitjes als de auto wassen, bladeren harken of afwassen. Ze zeggen vaak dat ze zich niet lekker voelen of moe zijn of dat ze geen zin hebben om te helpen. Zijn er nog andere methoden om kinderen aan te moedigen hun ouders te helpen met karweitjes in en om het huis?'
A: Een ruststoel moedigt je kind aan te helpen met karweitjes! Dit plan werkt zo: iedereen die met een karweitje begint, werkt door tot het af is – bijvoorbeeld tot alle bladeren bij elkaar zijn geharkt. Als iemand zegt dat hij niet lekker is of te moe om te helpen, moet die persoon op de ruststoel gaan zitten. De ruststoel hoeft geen echte stoel te zijn. Als je buitenshuis

bezig bent, is een plekje onder een boom ook prima. Zorg wel dat de plek in de buurt is van een gezinslid dat wel aan het werk is. De plek moet zo saai en ontdaan van interessante voorwerpen zijn als maar mogelijk is. De persoon die aan het werk is, dient als een goed rolmodel voor het kind dat aan het rusten is!

Een kind dat echt moe is – of een volwassene – zal de gelegenheid om uit te rusten met beide handen aangrijpen. Maar als je kind doet alsof het moe is, zal het zich snel gaan vervelen, nu het toekijkt hoe de anderen wel bezig zijn. De meeste kinderen zullen dan beslissen van de ruststoel af te komen en de anderen met hun karweitjes te helpen; kinderen doen meestal liever iets dan niets. Geef je kind geen standje omdat het op de ruststoel zit in plaats van te werken. Zorg ervoor dat het geen aandacht krijgt, niet aan de telefoon kan praten, niet met speelgoed kan spelen of van de stoel af kan komen behalve om het karweitje af te maken. Een ruststoel is saai, en verveling helpt kinderen gemotiveerd te raken om aan het werk te gaan! Let erop dat je je kinderen, nadat ze wel met een karweitje hebben geholpen, vertelt dat je het waardeert dat ze zo hard hebben gewerkt.

V: Koen, mijn zoon van negen, plast nog steeds in bed. Ik heb gehoord dat een plaswekker kinderen kan helpen 's nachts droog te blijven. Zou zo'n wekker mijn zoon kunnen helpen?'

A: Ja! Plaswekkers kunnen kinderen van zes jaar helpen 's nachts droog te worden. De meeste kinderen stoppen met bedplassen als ze een jaar of vijf, zes zijn. Is dat niet het geval, dan hebben ze misschien speciale hulp van hun ouders nodig om droog te worden.

Ga eerst met Koen naar de dokter, zodat je een medische oorzaak voor het bedplassen kunt uitsluiten. Begin dan met een speciaal programma om Koen te helpen. Ga te werk volgens deze stappen:

Stap 1: Gebruik een 'puntenlijst voor het verbeteren van één gedraging', zoals beschreven in hoofdstuk 14. Het gewenste doel is droge nachten en Koen krijgt een punt voor iedere nacht dat hij droog is gebleven. Als hij voldoende punten heeft verdiend, kiest hij een beloning van een beloningenlijst.

Prijs hem ook uitgebreid na iedere nacht dat hij droog is gebleven. Als hij wel in zijn bed heeft geplast, geef hem dan geen standje en maak zijn schaamte ook niet nog erger! Hij zal zich genoeg schamen over zijn probleem en zich vernederd voelen als het weer is misgegaan zonder dat jij het hem nog eens extra inwrijft!

Stap 2: Laat Koen iedere keer dat hij ontdekt dat hij in bed heeft geplast, onder de douche of in bad gaan en zelf zijn vuile beddengoed in de wasmachine stoppen. Dit is een milde logische consequentie van het feit dat hij in bed heeft geplast. Jongere kinderen hebben de hulp van hun ouders nodig bij het afhalen van het bed en het aanzetten van de kraan van de douche of het bad. De stappen 1 en 2 zijn vaak voldoende om een kind binnen een of twee maanden helemaal te laten ophouden met bedplassen. Plast Koen echter nog steeds in zijn bed, blijf deze stappen dan volgen en begin met stap 3.

Stap 3: Leen een plaswekker bij de thuiszorgwinkel of schaf er één aan via internet. Het kind heeft een sensor voor nattigheid op zijn onderbroek die een op batterijen lopende wekker activeert. De plaswekker gaat twee seconden nadat de sensor 'nattigheid voelt' af, zodat Koen onmiddellijk feedback krijgt over het feit dat hij in bed heeft geplast. Door conditionering zal hij het bedplassen afleren. Het kan een paar maanden duren voor Koen zijn probleem heeft overwonnen.

Een wekker is zeer effectief om kinderen en tieners te helpen om op te houden met bedplassen. Als je besluit zo'n wekker te kopen, blijf dan wel ook de stappen 1 en 2 uitvoeren. Sommige kinderen worden eerst droog en hebben daarna een terugval. Wanhoop dan niet. Volg gewoon de genoemde stappen opnieuw. De meeste kinderen gaan niet opnieuw in bed plassen als ze het programma twee keer hebben doorlopen.

Als je deze drie stappen correct volgt en je zoon of dochter blijft toch in bed plassen, is het misschien verstandig de hulp in te schakelen van een kinderarts, psycholoog of andere gedragsdeskundige.

V: 'Welke hulp beveel je aan voor kinderen die overdag in hun broek blijven plassen terwijl ze hun zindelijkheidstraining al achter de rug hebben?'

A: Een kind van vijf jaar of ouder dat eigenlijk al zindelijk is, kan soms een terugval hebben en af en toe onzindelijk zijn. Probeer dan het volgende programma:

Geef je kind iedere dag dat het droog is, drie punten op de puntenlijst. Als het probleem vaker optreedt dan één keer per dag, verdeel de dag dan in ochtend, middag en avond. Geef je kind een punt voor ieder dagdeel dat het geen ongelukje heeft gehad. Je kind kan maximaal drie punten per dag verdienen!

Moedig je kind zodra het voldoende punten heeft verdiend, aan om punten in te wisselen voor een beloning van de beloningenlijst. Als het een dag geen ongelukjes heeft gehad, complimenteer je kind daar dan voor.

Als het wel een ongelukje heeft, geef je kind dan geen standje. Laat het in plaats daarvan meteen gaan douchen, schone kleren aantrekken en de natte kleren zelf uitspoelen.

V: 'Mijn buren vertelden me dat ze hun dertienjarige zoon twee of drie weken 'huisarrest' geven als hij de regels overtreedt. Wat is huisarrest en beveel jij huisarrest aan als correctiemethode?'

A: Huisarrest betekent dat een kind of adolescent gedurende korte tijd in huis

moet blijven als consequentie voor slecht gedrag. Je dochter mag dan bijvoorbeeld niet naar vriendinnetjes en andere plekken waar ze normaal gesproken wel naartoe mag. Als huisarrest goed wordt gebruikt, kan het de wat oudere kinderen en pubers helpen hun gedrag te verbeteren.
Als je gebruikmaakt van huisarrest, zorg dan wel dat je je houdt aan twee regels. Vertel je kind van tevoren welk gedrag tot huisarrest leidt. En houd de periode kort – meestal niet meer dan een weekend of week. Een tiener twee of drie weken huisarrest geven, is overdreven streng en zal niet leiden tot beter gedrag.
V: 'Mijn dochter Roos haalt slechte cijfers op school. Haar juf zegt dat ze mogelijk een "leerstoornis" heeft. Wat is een "leerstoornis" en wat moet ik nu doen om mijn dochter te helpen?'
A: Een leerstoornis betekent dat de prestaties van een kind op het gebied van lezen, rekenen of schriftelijke uitdrukkingsvaardigheid beduidend lager liggen dan op grond van zijn intelligentie te verwachten valt. Je dochter moet worden onderzocht door een psycholoog en misschien voor de zekerheid ook door een oogarts. De orthopedagoog of psycholoog zal haar testen; het gaat dan om intelligentie en studievaardigheden. Volg de aanbevelingen van deze deskundige op!

Belangrijke punten om te onthouden

- In dit hoofdstuk vind je aanbevelingen voor veelvoorkomende problemen van kinderen, zoals ADHD, niet naar bed willen, verzet tegen het doen van karweitjes, bedplassen, ongelukjes met plassen overdag en leerstoornissen.
- Effectieve methoden om kinderen te helpen hun gedrag te verbeteren, zijn onder andere *aanmoediging, prijzen, winnen van de wekker, een kind naar zijn kamer sturen (in plaats van naar de time-out) en beloningen met punten.*
- Als de methoden voor het aansturen van kinderen bij jouw kind niet werken, neem dan contact op met een psycholoog of gezinstherapeut.

Deel 4 Andere hulpbronnen voor je kind

Opvoeden en je zoon of dochter helpen om zich goed te gedragen, is een hele uitdaging. Maar je staat er niet alleen voor. In dit deel lees je over de verschillende hulpbronnen waarop ouders een beroep kunnen doen.

Leerkrachten besteden wekelijks vele uren aan het helpen van kinderen. In dit deel leer je om beter samen te werken met de leerkracht van je kind en de schoolprestaties en sociaal-emotionele ontwikkeling van je kind te bevorderen.

Er wordt een beschrijving gegeven van opvoedcursussen en andere opvoedboeken die we kunnen aanbevelen. Je zult leren wanneer het verstandig is professionele hulp voor je kind of je gezin in te schakelen en hoe je dit kunt aanpakken. Verder is een kort hoofdstuk gewijd aan de vraag hoe je – geconfronteerd met de onvermijdelijke stress die het opvoeden met zich meebrengt – je eigen boosheid kunt beheersen.

Het laatste hoofdstuk bestaat uit vier korte series vragen en antwoorden, waarmee je kunt testen wat je hebt opgestoken van het bestuderen van het SOS-boek.

Hulpbronnen voor ouders dus!

20 Leerkrachten en ouders als partners

Niemand heeft gezegd dat werken met kinderen 'gemakkelijk' is.

In dit hoofdstuk leer je hoe je kunt bijdragen aan het verbeteren van het werk en de persoonlijke aanpassing van je kind in de klas, door goed samen te werken met de leerkracht. Ook leer je over methoden die leerkrachten hanteren, om het gedrag van kinderen aan te sturen.

Samenwerken met de leerkracht van je kind

Bouw een positieve relatie op met de leerkracht van je kind en toon je belangstelling voor wat je kind op school meemaakt door regelmatig langs te gaan in de klas. Reageer snel op briefjes van de leerkracht en de school. Ook als je buitenshuis werkt, kun je aanbieden een hapje of drinken voor een feest te verzorgen. Je kind zal de extra aandacht en de belangstelling die jij toont, op prijs stellen.
Als je tijd hebt, overweeg dan de leerkracht je hulp aan te bieden. Geef wat van je tijd aan de klas van je kind, maar bespreek dit wel eerst even met je zoon of dochter. Er zijn allerlei klussen die je kunt doen, van helpen met knutselen tot het organiseren van de schoolbibliotheek.
Praat met je kind over school. Bespreek het huiswerk en de speciale projecten met je kind en kijk het huiswerk even na. De beste manier om goed werken te bevorderen, is dat je dit prijst en er aandacht aan besteedt. Je kunt het schoolwerk ophangen, zodat iedereen het kan bewonderen.
Zeg in het bijzijn van je kind geen negatieve dingen over de leerkracht. Je wilt dat je kind de leerkracht respecteert. Vergeet ook niet dat kinderen dingen die ze thuis horen, vaak tegen hun leerkracht zeggen!
Natuurlijke consequenties van gedragsproblemen moeten door jullie als ouders niet worden ontkracht door de leerkracht of de school de schuld van die problemen te geven of door tegen het kind te zeggen dat de school ongelijk heeft. Veel ouders voelen zich persoonlijk aangevallen of vinden het lastig als hun kind door de leerkracht wordt gecorrigeerd. Een milde correctie krijgen, kan voor je kind echter een waardevolle leerervaring zijn. Werk dus met de school mee wanneer je kind wordt gecorrigeerd.

Karlijn met de brutale mond blijft na schooltijd niet na

Karlijn van negen moest na schooltijd nablijven, omdat ze haar juf een grote mond had gegeven. De brutale mond van Karlijn was zowel op school als thuis een steeds terugkerend probleem. De moeder van Karlijn haalde haar 's middags meestal met de auto op uit school en ergerde zich eraan dat Karlijn van de juf moest nablijven. Ze zei tegen de juf: 'Ik vind het maar niks dat je Karlijn laat nablijven. Daardoor wordt niet alleen Karlijn gestraft, maar ik ook. Kun je niet iets anders verzinnen?' De moeder van Karlijn was zelf lerares op de plaatselijke middelbare school!

Als je het gesprek met de leerkracht tot een succes wilt maken, bereid dit dan goed voor. Jullie kunnen als partners samenwerken om ervoor te zorgen dat er op school zo goed mogelijk tegemoet wordt gekomen aan wat je kind nodig heeft op leer- en persoonlijk gebied. Waar praat je over tijdens het gesprek met de leerkracht? Je kunt het hebben over de werkhouding en gewoonten van je kind, de noodzaak extra hulp met het schoolwerk te regelen of over hoe jullie je kind kunnen helpen beter met de andere kinderen op te schieten.

Waarschijnlijk neemt de school minstens drie keer per jaar (na het uitreiken van het rapport) contact met je op voor een gesprek. Maar als je kind extra hulp nodig heeft, heb je het recht om tussendoor om een extra gesprek te vragen. Wacht niet passief af tot de leerkracht contact met jou opneemt of tot je kind in moeilijkheden komt. Ga er niet zonder meer vanuit dat 'geen bericht' 'goed bericht' betekent, vooral niet als je kind in het verleden al problemen heeft gehad.

De volgende richtlijnen zijn handig voor het voeren van een gesprek met de leerkracht van je kind.

1. Vraag de leerkracht minimaal een dag van tevoren om een tijdstip te plannen om te praten over de vorderingen en het gedrag van je kind

Verwacht geen productief gesprek als je zomaar binnenvalt bij de leerkracht. Als je over een probleem wilt praten of een afspraak wilt maken, kun je bijvoorbeeld telefonisch contact opnemen met de school en vragen of de leerkracht je terug wil bellen.

2. Maak een lijst met de dingen die je over je kind aan de leerkracht wilt vertellen en de vragen die je wilt stellen

Vraag wat de sterkste en de zwakste vakken van je kind zijn en of er problemen zijn met de aanpassing of het gedrag van je kind. Mocht je partner niet mee kunnen naar het gesprek, vraag hem of haar dan om ideeën voor je lijst met vragen en opmerkingen.

3. Neem je kind niet mee naar het gesprek tenzij de leerkracht daar expliciet om vraagt

Laat ook broertjes en zusjes thuis, zodat jullie al jullie aandacht kunnen geven aan het gesprek over je kind.

4. Neem tijdens het gesprek beslissingen over specifieke plannen om je kind te helpen

Vraag de leerkracht om suggesties en adviezen en geef deze serieus een kans. Spreek een duidelijke taakverdeling af over wat de leerkracht in de klas doet en wat jij thuis gaat doen om je kind te helpen. Maak aantekeningen over deze afspraken. Moedig de leerkracht aan contact met jullie op te nemen zodra je kind op school problemen krijgt.

5. Wees vriendelijk en koester een positieve werkrelatie tussen de leerkracht en jezelf

Vertel de leerkracht dat je de hulp waardeert die hij of zij je kind geeft. Als je het gevoel hebt dat de leerkracht goed bezig is met je kind, laat hem of haar dat dan ook weten. Beloon het 'goede gedrag' van de leerkracht!
Boos worden op de leerkracht en de school kun je beter vermijden. Kijk naar oplossingen voor het probleem van je kind, maar geef de leerkracht niet het gevoel dat hij of zij verantwoordelijk is voor die problemen. Vergeet niet dat de leerkracht nog minstens twintig andere kinderen in de klas heeft. Heb begrip voor de doelen die de leerkracht en de school hebben voor alle kinderen.

6. Stel na afloop van het gesprek met de leerkracht je partner op de hoogte van wat er is besproken en vraag hem of haar om hulp bij het in de praktijk brengen van de suggesties en adviezen die je in het gesprek hebt gekregen

Vertel je kind na het gesprek over zijn sterke punten, de gebieden waarop verbetering nodig is, en het actieplan dat je met de leerkracht overeen bent gekomen.

7. Houd contact met de leerkracht van je kind

Aarzel niet om nog een keer om een gesprek te vragen als je daar behoefte aan hebt. Leerkrachten werken graag samen met ouders die sterk betrokken zijn bij hun kinderen. Zolang je de leerkracht niet de schuld geeft van de problemen van je kind, zal hij of zij het niet erg vinden om met je te praten.

Als de leerkracht hiermee instemt, kun je een overdrachtsformulier voor ouder, leerkracht en kind in gebruik nemen om het schoolwerk of het gedrag van je kind op school te verbeteren. Je kind neemt dit formulier elke dag mee naar school en weer naar huis. De leerkracht geeft op dit formulier aan of bepaald ongewenst gedrag op school al of niet is voorgekomen. Als het kind thuiskomt met het formulier, kan de ouder zien of het gedrag die dag is voorgekomen. Vervolgens krijgt of verliest het kind diezelfde middag of avond thuis een bepaald privilege, bijvoorbeeld tv-kijken of computeren.

Yoram krijgt zijn huiswerk niet af

Yoram van zeven kreeg gedurende twee weken slechts zestig procent van het schoolwerk dat hij 's morgens moest doen, af. Hij kon wel beter, maar hij zat veel te dagdromen en stoorde de kinderen die naast hem zaten. De juf van Yoram vroeg Yoram en zijn ouders om een gezamenlijk gesprek, waarin werd besloten met een overdrachtsformulier te gaan werken om Yoram te helpen.

Iedere dag dat Yoram het werk dat hij die ochtend moest doen, af had, mocht hij dezelfde middag met zijn spelcomputer spelen. Als hij zijn werk niet af had of het overdrachtsformulier niet bij zich had, bleef de spelcomputer uit. Yoram ging vooruit en in plaats van zestig procent had hij nu 95 procent van zijn werk op tijd af! Zie het overdrachtsformulier voor ouder, leerkracht en kind dat werd gebruikt om Yoram te helpen.

Tabel 20.1 Het overdrachtsformulier van Yoram

registratie van doelgedrag van Yoram

week van: 7 t/m 11 januari

	ma	di	wo	do	vrij
doelgedrag: *al het werk voor de ochtend af:* ja of nee (leerkracht noteert iedere dag)	nee	nee	ja	ja	ja
paraaf leerkracht (leerkracht tekent iedere dag)	CC	CC	CC	CC	CC
paraaf kind (kind tekent iedere dag)	ib	ib	ib	ib	ib
paraaf ouder (ouder tekent iedere dag)	MB	MB	MB	MB	MB

Plan: Als Yoram het werk dat hij 's morgens op school moet doen, af heeft, mag hij 's middags thuis tussen 3 en 5 met zijn spelcomputer spelen. Als het werk niet af is of Yoram neemt het formulier niet mee naar huis, dan blijft de spelcomputer 's middags tussen 3 en 5 uur uit.

Iedere dag dat Yoram op school zijn werk af heeft, krijgt hij 's middags thuis het privilege dat hij met zijn spelcomputer mag spelen. Een exemplaar van het overdrachtsformulier voor ouder, leerkracht en kind vind je achter in dit boek.

Soms wordt in zo'n formulier opgenomen dat het kind een privilege verliest als het bepaald ongewenst gedrag vertoont, bijvoorbeeld vechten of andere kinderen plagen. Een overdrachtsformulier geeft je kind, de leerkracht van je kind en jou zelf dagelijks feedback over de vorderingen die je kind boekt met het desbetreffende gedrag. Dankzij het formulier blijven alle partijen betrokken en spannen ze zich gezamenlijk in om verbetering tot stand te brengen in het probleemgedrag. Het overdrachtsformulier kost de leerkracht extra tijd; vergeet dus niet hem of haar te bedanken voor die extra hulp. Als je kind boos is op andere kinderen of de leerkracht, of van streek is over het schoolwerk, gebruik dan *spiegelend luisteren* om het te helpen zijn gevoelens en gedachten te uiten. Spiegelend luisteren wordt besproken in hoofdstuk 18.

Blijft je kind problemen houden met het schoolwerk, dan is het misschien verstandig het te laten testen op zijn studievaardigheden, intelligentie en motivatie. Mogelijk kan de school dit onderzoek door de Onderwijsbegeleidingsdienst laten uitvoeren. Zo niet, dan kun je ook zelf contact opnemen met een psycholoog. In hoofdstuk 21 wordt besproken wanneer professionele hulp nodig is en hoe en waar je die hulp kunt krijgen.

Hoe de leerkracht gedrag kan aansturen

Lees deze paragraaf als je geïnteresseerd bent in de methoden die leerkrachten kunnen gebruiken om het gedrag van hun leerlingen aan te sturen.

Problemen waarmee leerkrachten worden geconfronteerd
'Quinten van mij is een bijter. Hij bijt iedereen. Ik hoop dat jullie er iets aan kunnen doen!'
Leerkrachten krijgen te maken met een brede verscheidenheid van gedragsproblemen.

Leerkrachten geven aan dat omgaan met het gedrag van kinderen het moeilijkste aspect van hun werk is. Een leerkracht die orde in de klas heeft, gebruikt allerlei verschillende methoden voor het aansturen van gedrag. Er zijn echter ook leerkrachten die minder sterk zijn in orde houden; zij hebben een kleiner repertoire van methoden of maken in sommige gevallen verkeerd gebruik van die methoden.
Een succesvolle leerkracht weet dat goed gedrag belonen de beste manier is om gedrag te verbeteren. Deze leerkracht maakt veelvuldig gebruik van *materiële beloningen* en *beloningen in de vorm van een activiteit*, en daarnaast van *sociale beloningen* in de vorm van bijvoorbeeld prijzende woorden en aandacht.

'Drie hoeraatjes voor de pot met fiches!'

Juf Leonie van groep vier was op zoek naar een effectieve manier om haar leerlingen te helpen verbetering te brengen in hun probleemgedrag. Merel liep steeds van haar plek en struinde door het lokaal. Nick kon het bord en zijn werk alleen goed zien als hij zijn bril op had, maar die had hij vaker niet dan wel bij zich. Jay kon zijn handen niet thuishouden en duwde en sloeg vaak andere kinderen. Fleur had haar werk haast nooit af en zat het grootste deel van de tijd te dagdromen of met andere kinderen te kletsen.

Op een dag nam juf Leonie een doorzichtige plastic pot en een stapeltje pokerfiches mee naar school. Op de pot was een zwarte lijn aangebracht. Juf Leonie hield de pot en de fiches omhoog, zodat de kinderen deze konden zien en zei: 'Ieder van jullie kan muntjes verdienen en als je er een verdient, mag je die in de pot stoppen. Je kunt muntjes verdienen als je je zo gedraagt dat je jezelf of de klas helpt. Als de muntjes tot de zwarte lijn komen, krijgen jullie allemaal een traktatie!'

Merel verdiende fiches door op haar plek te blijven zitten. Nick kreeg iedere keer dat hij zijn bril op had naar school, een fiche voor in de pot. De juf gaf Jay een fiche als hij een uur lang niemand had geduwd of geslagen. Ook andere kinderen werden door juf Leonie 'betrapt' op goed gedrag en kregen dan een fiche. Als de kinderen een fiche verdienden, werden ze ook nog beloond door de goedkeurende glimlach van hun klasgenoten. Op vrijdagmiddag heerste er een opgewonden sfeer in de klas: de fiches kwamen bijna tot aan de zwarte lijn! De hele klas juichte Merel toe toen ze twee fiches kreeg omdat ze haar werk inleverde. Toen zij haar fiches in de pot gooide, kwamen de verzamelde fiches tot aan de zwarte lijn. Juf Leonie gaf alle kinderen een reepje. Ze vertelde ook dat de klas een nieuwe beloning kon verdienen door de pot opnieuw te vullen – een extra lange pauze voor iedereen.

Aangezien alle kinderen fiches kunnen verdienen en ook alle kinderen delen in de uiteindelijke beloning, moedigen de kinderen elkaar voortdurend aan om positief gedrag te vertonen. Een pot met fiches is een effectieve manier om allerlei gewenst gedrag te bevorderen, zonder dat het nodig is een lijst bij te houden.

Leerkrachten gebruiken ook *standjes en afkeuring en actief negeren* om probleemgedrag in hun klas te verminderen. Andere effectieve correctiemethoden zijn *straf, natuurlijke consequentie* en *logische consequenties*, beschreven in hoofdstuk 5.

Een droog shirt ruilen voor een nat shirt

In de schoolkantine spetterde Vincent met water en maakte het shirt van Tim kletsnat! Hij lachte er ook nog bij en prikte Tim in zijn buik en het natte shirt.

Toen de jongens terugkwamen in het lokaal van groep zes, droeg de leerkracht hun op van shirt te ruilen. Vincent moest het probleem dat hij had veroorzaakt aan den lijve voelen – een nat shirt! De leerkracht gebruikte een logische consequentie om het probleemgedrag aan te pakken – de correctie die Vincent kreeg opgelegd, paste bij wat hij had misdaan!

Op basisscholen wordt ook veel gebruiktgemaakt van de *time-out* om hardnekkig probleemgedrag[1] aan te pakken. Wanneer je kind je over de time-out op school vertelt, heeft hij het misschien over de 'rustige stoel' de 'alleen-zitstoel' of gewoon 'de stoel'. Als je kind thuis vertelt dat het op school in de time-out is gezet, luister dan, geef het geen standje en mopper niet op de leerkracht. Je wilt toch graag dat je kind je over alles vertelt wat het op school meemaakt.

'Todd heeft vandaag Patricia in de time-out gezet!'

Mijn zoon Todd was pas tweeënhalf, maar had al de nodige ervaring met de time-out opgedaan. Mijn vrouw en ik gebruikten de time-out thuis om ongepast gedrag aan te pakken en ook op het kinderdagverblijf werd de time-outmethode gebruikt.

---

[1] Als u leerkracht bent en een korte beschrijving van de time-out wilt hebben om aan de ouders te geven, kunt u het blad 'Informatie voor ouders' achter in dit boek kopiëren.

Toen mijn vrouw Todd op een middag ophaalde, vroeg ze een van de leidsters hoe zijn dag was geweest. De leidster antwoordde: 'Je raadt nooit wat er vandaag is gebeurd! Todd heeft Patricia in de time-out gezet!' Ze vervolgde: 'Ik kwam de speelkamer in en trof daar Patricia, die ook twee is, rustig zittend op de time-outstoel aan en Todd stond bij haar in de buurt. Todd vertelde dat hij Patricia naar de stoel had gestuurd omdat ze "stout" was en met blokken gooide!'
Op de prille leeftijd van twee was Todd al een 'ouwe rot' op het gebied van de time-outmethode.

Sommige leerkrachten hangen een wekker aan het plafond, zodat de actievere kinderen er niet bij kunnen. Aangezien het in de klas vaak voorkomt dat twee kinderen zich tegelijkertijd misdragen, zijn in de klas twee aparte time-outplekken en twee wekkers nodig.

Bart valt de wekker van zijn kleuterklas aan

Schijnbaar geduldig zat Bart van vier op de time-outstoel te wachten tot de wekker eindelijk ging. Toen dit gebeurde, kwam hij langzaam van zijn stoel, liep naar de plek waar de wekker op de grond stond en begon de wekker aan diggelen te beuken!
Zijn juf kocht een nieuwe wekker, bevestigde deze aan een koord en hing het koord aan het plafond, buiten bereik van Bart en andere kleuters die een hekel aan wekkers hadden.

Om het gedrag van kinderen op school te helpen verbeteren, kunnen drie versies van de time-outmethode worden gebruikt.

1. Time-out zonder buitensluiting

Het kind wordt niet uit de groep gezet. Het moet alleen op een bepaalde plaats of op een speciale stoel gaan zitten. Het kan nog wel zien wat de rest van de klas aan het doen is, maar kan hier niet aan meedoen. Tegen andere kinderen wordt gezegd dat ze een kind dat in de time-out zit, niet mogen plagen of ermee mogen praten. Doen ze dat wel, dan moeten ze misschien ook wel naar de time-out!

Time-out 'zonder buitensluiting'
'Ik sloeg Jonathan maar één keer!'

2. Time-out met isolatie

Als je een kind in de 'isolatie-time-out' zet, wordt het gedurende korte tijd buiten de groep en alle activiteiten gezet. Het kan de andere kinderen niet zien en niet met hen praten. Een goede plek voor een time-out met isolatie is een hoge stoel die achter bijvoorbeeld een ladekast, schoolbord of boekenkast wordt gezet. De time-out met isolatie heeft over het algemeen meer effect op het gedrag van kinderen dan een time-out zonder buitensluiting.

3. Time-out in een aparte ruimte

Het kind wordt bij de andere kinderen en interessante bezigheden weggehaald en korte tijd in een andere ruimte gezet. In deze ruimte hoeft het niet op een speciale plek te gaan zitten en mag het vrij rondlopen. De ruimte moet saai, goed verlicht, veilig en niet beangstigend zijn. De time-out in een aparte ruimte moet niet worden gebruikt bij kleuters, die uit veiligheidsoverwegingen altijd door volwassenen in de gaten moeten worden gehouden.

Belangrijke punten om te onthouden

- Onderhoud goed contact met de leerkracht om het gedrag van je kind op school te verbeteren.

Time-out met 'isolatie'
'Ik wou dat ik een boek had of iets om mee te spelen!'

- Toon interesse in wat je kind op school meemaakt door bezoekjes af te leggen aan de klas en door met je kind over school te praten.
- Net als succesvolle ouders putten succesvolle leerkrachten uit een breed assortiment van SOS-methoden voor het aansturen van gedrag. Ook leerkrachten waken ervoor de negen veelgemaakte time-outfouten te maken.

21 Wanneer en hoe professionele hulp inschakelen

Kantoor van dr. B.F. Skinner, psycholoog
'Kan gezinstherapie ons helpen met onze Tamar?'

Je kind van baby tot aan adolescent grootbrengen, is een lange en soms moeilijke reis. Er kunnen problemen ontstaan die het welzijn en geluk van jullie gezin in de weg gaan zitten. Als die moeilijkheden ondanks jullie inspanningen om ze op te lossen, blijven bestaan, liggen hopeloosheid, de neiging niets te doen, schuldgevoel, depressiviteit en boosheid op de loer. Geef daar niet aan toe! Neem voor professionele hulp contact op met een schoolpsycholoog, een opvoedcoach of therapeut. Lees de volgende vragen en antwoorden als je overweegt hulp te zoeken voor je kind of gezin.

V: 'Wanneer is het verstandig professionele hulp voor mijn kind te zoeken?'
A: Als ouder ben je er verantwoordelijk voor je kind en je gezin te helpen en in het geval van problemen te begrijpen wat er aan de hand is en het probleem vervolgens op te lossen. Professionele hulp kun je overwegen als je kind langere tijd niet goed in zijn vel zit of forse aanpassingsproblemen heeft op school, met leeftijdgenoten of met andere gezinsleden. Professionele

hulp kan ook nodig zijn als je kind jou of andere gezinsleden een hoop stress of ellende bezorgt. Misschien heb je het gevoel dat de gebruikelijke methoden om je kind aan te pakken, niet werken of dat het uit de hand loopt met het gedrag van je kind. Als je kind agressief wordt op momenten dat het wordt gecorrigeerd of niet wil meewerken aan de time-outmethode, is misschien professionele hulp voor jou en je kind nodig.

V: 'Hoe kom ik erachter welke mogelijkheden op het gebied van hulpverlening er zijn bij mij in de buurt?'

A: Het kost vaak veel moeite om erachter te komen tot welke instantie of therapeut bij jou in de buurt jij je het beste kunt wenden. Meestal kan de huisarts je wel adviseren over (gezins)therapeuten of opvoedcoaches bij jou in de buurt. Vraag je arts ten minste twee namen te noemen.

Informatie over therapeuten of instanties kun je verder krijgen bij het hoofd van de school van je kind, de leerkracht, vrienden en familie. De meeste telefonische crisishulplijnen en regionale centra voor geestelijke gezondheidszorg kunnen je ook waardevolle informatie leveren over de beschikbare hulp. In het telefoonboek staan ook psychiaters, psychologen, gezins- en relatietherapeuten en maatschappelijk werkers vermeld. Verder kun je je aanmelden bij de jeugdzorg.

Als je kind een leerprobleem heeft, moet het door een psycholoog worden getest. Een psychologisch onderzoek voor kinderen met leer- of gedragsproblemen op school wordt in principe door de school geregeld en in Nederland uitgevoerd door de Onderwijsbegeleidingsdienst. Hulp voor ouder en kind wordt niet door de school geregeld.

Professionals die therapie en begeleiding aanbieden aan kinderen en volwassenen, zijn psychiaters (artsen), psychologen, pedagogen, gezins- en relatietherapeuten en maatschappelijk werkers.

V: 'Wat vraag ik de therapeut tijdens het eerste contact?'

A: Als je de namen hebt van enkele therapeuten of hulpverlenende instanties, neem je eerst telefonisch contact op met die therapeut of instantie. Is het een zelfstandig gevestigde therapeut die je belt, maak dan van tevoren een lijst met vragen die je wilt stellen en vraag of je de therapeut zelf kunt spreken. Vertel hem kort over de problemen die je met je kind hebt, en vraag of hij je kan helpen met deze problemen. Is dit niet het geval, vraag hem dan of hij je iemand kan aanbevelen om jou en je kind te helpen. Doe navraag naar de opleiding, ervaring en kwalificaties die hij heeft voor het werken met kinderen en gezinnen. Vraag wat een sessie kost, hoeveel sessies er nodig zullen zijn en hoeveel tijd de therapie in beslag zal nemen. In de beginfase van de therapie is het van belang wekelijks een sessie te hebben. Wanneer je contact opneemt met een instelling voor geestelijke gezondheidszorg, krijg je in eerste instantie een afspraak met iemand die een intake doet om de problemen te inventariseren. De bevindingen van de intake worden vervolgens besproken, waarna wordt besloten welke hulp voor jullie geschikt en beschikbaar is. Vervolgens wordt een tweede afspraak gemaakt met de therapeut die jullie gaat begeleiden.

V: 'Hoe vertel ik mijn kind dat we naar een (gezins)therapeut gaan?'
A: Gebruik heldere, eenvoudige bewoordingen als je je kind vertelt dat jullie twee of het hele gezin een afspraak hebben met een therapeut. Wees positief en vertel je kind dat de therapeut jullie gaat helpen met het oplossen van jullie problemen. Je kan bijvoorbeeld zeggen: 'We hebben de laatste maanden veel ruzie in ons gezin. We hebben een afspraak met een therapeut die ons gaat helpen om beter te begrijpen wat er aan de hand is en beter met elkaar om te gaan.'

Als je kind lage cijfers heeft op school, kun je zeggen: 'We hebben een afspraak met een psycholoog. Zij gaat wat testjes met je doen en met jou en ook met mij praten. En dan geeft ze ons advies over wat we kunnen doen om jou te helpen met je schoolwerk en betere cijfers te halen. Woensdagmiddag hebben we een afspraak.'

Vier benaderingen om kinderen en ouders te helpen

- *De therapeut werkt met het kind zelf.* Dit is wat de meeste ouders verwachten, maar de effectiviteit van alleen individuele therapie voor het kind is beperkt.
- *De therapeut leert de ouders nieuwe methoden om hun kind te helpen en aan te sturen.* Verder wordt er misschien gevraagd of je wilt meedoen aan een opvoedcursus of om boeken over het onderwerp te lezen, misschien wel dit SOS-boek.
- *De therapeut leert de ouders hun eigen problemen te begrijpen en op te lossen.* Het kan hierbij gaan om een depressie, een levenscrisis of problemen met de partner.
- *De therapeut spreekt tijdens therapiesessies met het hele gezin.* Sommige problemen kunnen het beste worden aangepakt door met het hele gezin tegelijk te werken.

V: 'Wat moet ik verwachten als we met therapie beginnen?'
A: De eerste paar sessies zijn gericht op onderzoek en diagnostiek. De therapeut zal jullie helpen de problemen waar jullie gezin mee kampt, te verhelderen. Je partner hoort er ook bij en hij of zij moet ook bij de therapie worden betrokken. De therapeut zal niet alleen met je praten over de moei-

lijkheden van het kind, maar ook over de verwachtingen en doelen die je als ouder hebt. Je zult enkele vragenlijsten moeten invullen en het gedrag van je kind op papier moeten bijhouden. De therapeut zal met jou en je kind praten en jullie samen observeren.

Wees bereid je verwachtingen over de therapie bij te stellen en wees flexibel in je samenwerking met de therapeut. Schroom echter niet om alle vragen die in je opkomen, aan de therapeut te stellen. Als jij hier toestemming voor geeft, kan de therapeut contact opnemen met de school en de school adviseren over manieren om je kind te helpen.

Nadat hij heeft vastgesteld wat precies de problemen voor jou en je kind zijn, zal de therapeut jullie helpen deze problemen op te lossen. Afhankelijk van de problemen waaraan gewerkt gaat worden, kiest de therapeut voor een of meer benaderingen.

V: 'Hoe financier ik de professionele hulp?'
A: Als je de hulp inschakelt van een eerstelijnspsycholoog, wordt een aantal zittingen vergoed en betaal je alleen een (geringe) eigen bijdrage. Word je daarna (of direct, door je huisarts) doorverwezen voor specialistische hulp (van een psychotherapeut, klinisch psycholoog of een GGZ-instelling) die een contract heeft met je zorgverzekeraar, dan wordt ook die zorg vergoed. Raadpleeg je zorgverzekeraar. Hulp via een Centrum voor Jeugdzorg is gratis en dat geldt ook voor hulp die via de school en de Onderwijsbegeleidingsdienst wordt geregeld. Er zijn particuliere praktijken die duidelijke afspraken hebben met verzekeraars. Soms wordt een deel vergoed. Andere praktijken hebben hier niet voor gekozen, maar de kosten van de sessies kunnen hierdoor wel lager liggen. Dit kan betekenen dat ouders uiteindelijk toch hetzelfde betalen. Het gaat erom dat ouders een afweging maken hoeveel zij kunnen betalen. Er zijn ook scholen die een eigen praktijk in huis hebben gehaald voor kindertherapie, waarbij de kosten voor rekening van de school komen. Een school kan er ook voor kiezen om zelf een schoolpsycholoog in dienst te nemen. Niet alle hulp is dus (grotendeels) gratis en misschien moet je (een deel) wel zelf betalen. Bedenk dan hoe belangrijk het is dat de emotionele of gedragsproblemen van je kind worden aangepakt en dat de sfeer in je gezin verbetert!

Belangrijke punten om te onthouden

- Gedragsproblemen van kinderen en problemen in het gezin groeien ouders soms boven het hoofd.
- Een therapeut kan jou en je gezin helpen die problemen op te lossen.
- Als de gebruikelijke methoden om het gedrag van je kind aan te sturen of problemen in je gezin aan te pakken, niet werken, overweeg dan professionele hulp in te schakelen.

22 Je eigen boosheid beheersen

Moeder beheerst haar boosheid
'Ruim alsjeblieft je speelgoed op, we moeten naar school. We zijn al te laat.'
'Nee! ik wil nog even spelen!'
Als je kind zich misdraagt en opstandig is, kun je je eigen boosheid en reacties wel beheersen.

In hoofdstuk 18 werd al iets gezegd over de invloed van gedachten en zelfspraak op onze emoties. De stop-doe-denkmethode en rationele zelfspraak zijn middelen om meer grip op je emoties te krijgen. Cognitieve therapie (ook RET, rationeel-emotieve therapie, genoemd) is een vorm van gedragstherapie die mensen met hun emoties leert om te gaan en de gedachten die aan emoties ten grondslag liggen, te bekijken en te vervangen door nuttigere gedachten.

Moeder beheerst haar boosheid

Lorenzo van vier is vaak opstandig en lastig. Moeder heeft gewerkt aan haar vaardigheden om Lorenzo aan te pakken. En – belangrijker nog – ze gebruikt de stop-denk-doemethode om haar eigen boosheid in bedwang te houden. En ze is niet langer sarcastisch tegen Lorenzo, dreigt niet meer en geeft hem geen tikken meer.
Moeder wil dat Justin zich klaarmaakt om naar school te gaan. Lees mee en zie hoe zij oefent met stop-denk-doe om de oude, irrationele (onredelijke) zelfspraak en agressieve methoden waarmee ze Lorenzo vroeger probeerde te corrigeren, te vervangen door effectievere methoden.

Moeder: 'Wil je alsjeblieft je speelgoed opruimen, we moeten naar school. We zijn al laat.'
Lorenzo: 'Nee, ik wil nog even spelen!'

(STOP) Moeder realiseert zich dat de kans klein is dat Lorenzo naar haar zal luisteren en dat zij zich in die situatie gekwetst en boos gaat voelen. Ze loopt de kamer uit en kijkt een minuut door het raam naar buiten.
(DENK) Moeder zegt tegen zichzelf: 'Ik maak me boos om deze situatie. Wat zeg ik tegen mezelf? Wat vertel ik mezelf over het opstandige gedrag van Justin dat zorgt dat ik boos word? Ik denk dat ik zeg: Lorenzo moet leren wie de baas is en als dat niet met zachte hand kan, dan maar met harde hand. En als hij niet nu meteen leert zich te gedragen, blijft hij altijd een verwend rotjong en dan wordt hij ook een onuitstaanbare volwassene die altijd zijn zin wil hebben! Maar ik hoef me niet boos te maken om zijn gedrag te verbeteren. We gaan nu weg en Lorenzo ruimt zijn speelgoed vanmiddag als hij uit school komt op, en anders krijgt hij een time-out.'
(DOE) Moeder pakt de jas en schoenen van Lorenzo en loopt de kamer weer in. Ze maken zich klaar om naar school te gaan.

Moeder: 'Lorenzo, we gaan nu weg. Ik heb je jas en schoenen en we gaan nu naar de auto.'
Moeder pakt Lorenzo bij de arm en ze lopen de kamer uit.
Lorenzo: 'Nee, ik wil niet naar school! Ik heb mijn schoenen

nog niet aan. De vorige keer dat ik mijn schoenen niet aanhad, lachten de andere kinderen me uit.'

Let op: het feit dat Lorenzo zich schaamt als hij zijn schoenen niet aan heeft als hij op school aankomt, is een natuurlijke consequentie van het feit dat hij niet op tijd klaar is.

Moeder: 'De hulpjuf helpt je wel met je schoenen. Morgen kunnen we zorgen dat we wel op tijd zijn.' Moeder en zoon lopen naar de deur.

Goed gedaan moeder! Zij realiseert zich dat de stop-denk-doemethode en rationele zelfspraak haar helpen haar boosheid in bedwang te houden en Lorenzo helpen zijn gedrag te verbeteren.
Ook het feit dat moeder het goede voorbeeld geeft, helpt Lorenzo zijn gedrag te verbeteren. Kinderen leren hun boosheid te beheersen door te kijken hoe hun ouders dat doen. Als kinderen zien dat ouders zich laten gaan, leren ze dat het acceptabel is om je te laten gaan 'als je boos genoeg bent'.

De stop-denk-doemethode
Stappen die je kunt volgen als je je boos begint te voelen
STOP
Leer herkennen wanneer je je boos begint te voelen.
Loop weg uit de situatie.
Leid jezelf gedurende één minuut af met een andere bezigheid.

DENK
Zeg tegen jezelf: 'Ik maak me boos om deze situatie.' Vraag je daarna af: 'Wat zeg ik tegen mezelf over het slechte gedrag van mijn kind waardoor ik gekwetst en boos word?' Zeg dan: 'Ik hoef niet boos te worden om dit gedragsprobleem aan te pakken.' Waarschijnlijk zal je boosheid dan minder worden.
Beslis welke SOS-methode je gaat gebruiken om het gedragsprobleem aan te pakken.

Stel je voor dat je deze SOS-methode om het gedrag van je kind aan te pakken, gebruikt zonder veel boosheid te laten merken.

DOE
Ga korte tijd terug naar het kind en de situatie en pas de SOS-methode toe of voer het plan dat je gemaakt hebt, uit.
Verwacht van jezelf geen perfecte uitvoering van de SOS-methode en van je kind geen perfecte reactie.
Zeg tegen jezelf: 'Mijn kind is niet perfect en ik ben niet perfect. Maar ik werk eraan om mijn boosheid te beheersen en een betere opvoeder te worden.'

Als mijn dochter zich misdraagt, is dat niet de directe oorzaak van mijn boosheid. Die boosheid veroorzaak ik zelf door hoe ik tegen het slechte gedrag aankijk en door de irrationele dingen die ik tegen mezelf zeg over haar gedrag. Door te klagen dat het gedrag van mijn kind verschrikkelijk en afschuwelijk is en dat ik er niet mee om kan gaan, maak ik mezelf enorm van streek. Onderken dat je het gedrag van je kind kunt veranderen zonder zelf boos te worden.
Als ouders kunnen we onze boosheid leren beheersen door verantwoordelijkheid te nemen voor die gevoelens van boosheid en voor wat we doen als we boos zijn. We doen dit door te onderkennen dat wat we tegen onszelf zeggen en onze overtuigingen en verwachtingen over het gedrag van ons kind, onze gevoelens en ons gedrag direct bepalen.
Als je je teleurgesteld en geïrriteerd voelt over het gedrag van je kind, is dat rationeel en nuttig; het zet je ertoe aan iets aan dat gedrag te willen doen. Maar als we zo boos worden dat we een kind van wie we houden, emotioneel of fysiek pijn dreigen te doen, is dat niet rationeel. Koester je destructieve boosheid niet en maak deze niet erger.

Veelvoorkomende irrationele zelfspraak

- 'Ze neemt het pas serieus dat ik iets aan haar gedrag wil doen, als ze ziet hoe van streek en boos ik erdoor word.'

- 'Hij moet en zal zich goed gedragen, anders ben ik een waardeloze, vreselijke moeder en dan ziet iedereen dat.'
- 'Dat ze zich misdraagt, betekent dat ze mij niet respecteert en niet om me geeft.'
- 'Straks wordt ze een jeugdcrimineel, of een moeder die haar kinderen verwaarloost (of iets anders ergs).'
- 'Het is verschrikkelijk en afschuwelijk als hij zich misdraagt. En ik kan er niet tegen.'
- 'Ik moet mijn boosheid en opgekropte emoties uiten, anders explodeer ik vandaag of morgen.'

Als jij sommige van deze beweringen gelooft, maak je je boosheid daarmee veel heftiger en wordt de kans groter dat je reageert op een manier waarmee je jezelf of je kind pijn doet.

We kunnen onze boosheid ook beheersen door terug te vallen op een aantal methoden om het slechte gedrag van ons kind aan te pakken. SOS leert je meer dan twintig methoden om meer dan veertig gedragsproblemen aan te pakken.

Belangrijke punten om te onthouden

- Realiseer je dat je kind en onplezierige situaties er niet de direct de oorzaak van zijn dat jij boos wordt.
- Je veroorzaakt je eigen boosheid door de manier waarop je tegen situaties aankijkt en door wat je tegen jezelf zegt.
- Gebruik de stop-doe-denkmethode en rationele zelfspraak om je boosheid te beheersen.

23 Je kennis testen

In vier testjes, bestaande uit tien meerkeuzevragen over elk van de vier delen, wordt getest wat je te weten bent gekomen over de SOS-methode. De juiste antwoorden worden aan het einde van iedere test gegeven.

Vragen en antwoorden voor ouders

Test één

Over:
Hoofdstuk 1. 'Hoe komt het dat kinderen zich goed of slecht gedragen?'
Hoofdstuk 2. 'Heldere communicatie bevordert effectief opvoeden'

KIES BIJ IEDERE VRAAG HET BESTE ANTWOORD

1 Als je gedrag beloont, zal:
a dat gedrag in de toekomst vaker voorkomen.
b dat gedrag in de toekomst minder vaak voorkomen.
c er helemaal niets veranderen aan het gedrag.
d dat gedrag onmiddellijk ophouden.

2 Wanneer je een kind prijst, is het het beste om:
a het kind ook geld te geven.
b het kind niet te vaak te prijzen.
c het specifieke gedrag te noemen waarom het geprezen wordt.
d Bovenstaande antwoorden zijn allemaal juist.

3 Een fout of vergissing die ouders vaak begaan, is:
a dat ze goed gedrag belonen.

b dat ze slecht gedrag soms corrigeren.
c dat ze goed gedrag snel belonen.
d dat ze goed gedrag niet belonen.

4 In de supermarkt kreeg Mike een reep nadat hij een driftbui had gekregen. Welke fout maakte de moeder van Mike hiermee?
a Ze beloonde goed gedrag niet.
b Ze beloonde per ongeluk goed gedrag.
c Ze beloonde per ongeluk slecht gedrag.
d Bovenstaande antwoorden zijn allemaal juist.

5 Ouders kunnen het gedrag van hun kind beïnvloeden door:
a goed gedrag te belonen.
b slecht gedrag niet per ongeluk te belonen.
c bij slecht gedrag een milde vorm van correctie toe te passen.
d bovenstaande dingen allemaal te doen.

6 Een ouder geeft een bevel:
a als de ouder wil dat het kind ophoudt met iets of iets juist gaat doen en verwacht dat het kind niet gehoorzaamt als de ouder het gewoon vraagt.
b als het kind ook gehoorzaamt als de ouder het vraagt.
c iedere keer dat een ouder wil dat een kind ergens mee ophoudt.
d iedere keer dat een ouder wil dat een kind iets gaat doen.

7 Heldere communicatie tussen ouders onderling en tussen ouder en kind leidt tot:
a overeenstemming over 'huisregels'.
b minder problemen met luisteren.
c beter opvoeden.
d Bovenstaande antwoorden zijn allemaal juist.

8 Een huisregel die door de *ouders en kinderen samen is opgesteld*:
a daaraan zal het kind zich *beter* houden.
b daaraan zal het kind zich *minder goed* houden.
c moet niet eenzijdig door de ouders worden opgelegd.
d leidt tot niet succesvol opvoeden.

9 'Leg dat koekje terug!' is een voorbeeld van:
a het kind met zijn naam aanspreken.
b het bevel simpel houden.

c het bevel kracht bijzetten.
d een strenge gezichtsuitdrukking.

10 'Kijk eens naar hem! Hij vreet altijd wel iets uit! Ik moet wel een slechte, waardeloze ouder zijn.' Dit werd waarschijnlijk gezegd door een:
a boze ouder.
b hopeloze ouder.
c ouder die zich schuldig voelt.
d ouder met weinig energie.

Antwoorden
1 a
2 c
3 d
4 c
5 d
6 a
7 d
8 a
9 b
10 c

Vragen en antwoorden voor ouders

Test twee

Over:
Hoofdstuk 3. 'Manieren om goed gedrag te bevorderen'
Hoofdstuk 5. 'Belangrijke methoden om een einde te maken aan slecht gedrag'

KIES BIJ IEDERE VRAAG HET BESTE ANTWOORD

1 De ouders van Niels negeren het actief als hun zoon sarcastisch doet. Als hij beleefd praat, prijzen ze hem. De ouders van Niels:
a belonen het plagen.
b doen slecht gedrag voor.
c belonen goed alternatief gedrag.
d Bovenstaande antwoorden zijn allemaal juist.

2 Oma's regel luidt heel eenvoudig:
a Corrigeer een kind nooit.
b De plezierige activiteit komt *na* het karweitje.
c De plezierige activiteit komt *voor* het karweitje.
d Geef je kleinkinderen veel koekjes!

3 De vader van Charlotte leerde zijn dochter hoe ze met haar nieuwe hondje kon spelen zonder hem pijn te doen. De vader van Charlotte:
a corrigeerde Charlotte toen ze het hondje pijn deed.
b hielp Charlotte oefenen met goed gedrag.
c gebruikte oma's regel.
d gebruikte actief negeren.

4 We bevorderen goed gedrag van onze kinderen door:
a dat gedrag te belonen.
b sommige vormen van slecht gedrag actief te negeren.
c het kind te helpen te oefenen met goed gedrag.
d bovenstaande dingen allemaal te doen.

5 Door een jengelend kind actief te negeren:
a beloon je het jengelen.
b zal het gedrag van het kind niet veranderen.
c zal het jengelen op den duur minder worden.
d doe je iets wat onmogelijk is.

6 Iedere milde correctie zal effectiever zijn als:
a ouders er alleen mee dreigen.
b er geen reden wordt gegeven voor de correctie.
c ouders eraan denken ook het goede alternatieve gedrag te prijzen.
d Bovenstaande antwoorden zijn allemaal juist.

7 Een standje geven is *geen* effectieve milde correctie als je kind:
a je tegenspreekt als het een standje krijgt.
b je negeert of tegen je lacht als het een standje krijgt.
c met een driftbui op een standje reageert.
d Bovenstaande antwoorden zijn allemaal juist.

8 Toen Marieke de pop van haar jongere zusje kapotmaakte, gaven haar ouders een van de poppen van Marieke aan haar zusje. Dit is een voorbeeld van:
a een logische consequentie.
b een natuurlijke consequentie.
c een time-out.
d Bovenstaande antwoorden zijn allemaal juist.

9 Tom mocht geen tv meer kijken, omdat hij langer dan toegestaan buiten bleef. Dit is:
a een logische consequentie.
b een natuurlijke consequentie.
c een straf.
d een standje en afkeuring.

10 Soms gaat een kind door met slecht gedrag omdat:
a de beloning ervan opweegt tegen de correctie.
b de ouders het slechte gedrag zelf voordoen of vertonen.
c ouders de milde correctie slechts zelden daadwerkelijk geven.
d Bovenstaande antwoorden zijn allemaal juist.

Antwoorden
1 c
2 b
3 b
4 d
5 c
6 c
7 d
8 a
9 c
10 d

Vragen en antwoorden voor ouders

Test drie

Over:
Hoofdstuk 4. 'Wat is een time-out? Wanneer gebruiken ouders de time-out?'
Hoofdstukken 6 tot en met 12. 'Basisvaardigheden van de time-outmethode'

KIES BIJ ELKE VRAAG HET BESTE ANTWOORD

1 Na afloop van een time-out moeten ouders aan hun kind vragen:
a 'Hou je nog van papa en mama?'
b 'Kun je sorry zeggen?'
c 'Beloof je dat je het niet meer zult doen?'
d 'Waarom moest je naar de time-out?'

2 De time-out is een effectieve manier voor het aanpakken van slecht gedrag van kinderen in de leeftijd van:
a één tot vijf jaar.
b twee tot twaalf jaar.
c zes tot twaalf jaar.
d tien tot zestien jaar.

3 De time-out is *niet* erg succesvol om het volgende te verminderen:
a Gedrag dat de ouders niet hebben gezien.
b Uitlachen van of een grote mond geven aan de ouders.
c Afpakken van speelgoed.
d Anderen spugen.

4 Het beste moment om uitleg te geven over de time-out en deze te demonstreren, is:
a als jij boos bent of je kind boos is.
b voordat je de time-out echt gaat toepassen.
c wanneer je de time-out voor het eerst gebruikt.
d Bovenstaande antwoorden zijn allemaal juist.

5 De beste plek voor de time-out is:
a saai en veilig, een plek waar het kind weinig omhanden heeft.

b de slaapkamer van je kind.
c een beangstigende plek.
d de plek waar het speelgoed van je kind ligt.

6 Een wekker hoort bij de time-out omdat:
a de wekker je kind niet kan 'vergeten'.
b kinderen door de wekker de verantwoordelijkheid op zich nemen op het juiste moment uit de time-out te komen.
c de tikkende wekker de anderen laat weten dat er een time-out gaande is.
d Bovenstaande antwoorden zijn allemaal juist.

7 'Daan! Ben je nu alweer je zusje aan het plagen! Ga naar de time-out en blijf er nu maar 20 minuten!'
Welke fout maakt de vader van Daan?
a Alleen dreigen met de time-out.
b Daan veel te lang naar de time-out sturen.
c Niet de goede plek kiezen voor de time-out.
d Bovenstaande antwoorden zijn allemaal juist.

8 Als je kind schreeuwt tijdens de time-out, moet je:
a het kind een standje geven omdat het lawaai maakt.
b ophouden met het gebruik van de time-out.
c het lawaai negeren of één tot drie minuten langer time-out geven als het nog lawaai maakt op het moment dat de wekker afgaat.
d het kind straf of een tik geven.

9 Als het kind kwaad op zijn ouders is als het uit de time-out komt, moeten zijn ouders:
a zich verontschuldigen voor het geven van een time-out.
b het geklaag negeren en zich realiseren dat het kind het recht heeft te voelen wat het voelt.
c het terugzetten in de time-out.
d het een reep of een ijsje geven!

10 Tijdens de eerste weken dat ouders de time-out gebruiken, moeten ze van hun zoon verwachten dat hij:
a er helemaal mee ophoudt zich te misdragen.
b naar de time-out gaat zonder moeilijk te doen of te mopperen.
c zich verontschuldigt voor zijn slechte gedrag.

d de nieuwe methode van zijn ouders om hem te corrigeren 'test' en zich ertegen verzet.

Antwoorden
1 d
2 b
3 a
4 b
5 a
6 d
7 b
8 c
9 b
10 d

Vragen en antwoorden voor ouders

Test vier

Over:
Hoofdstukken 13 tot en met 18: 'Nog meer toepassingen van je opvoedvaardigheden'

KIES BIJ IEDERE VRAAG HET BESTE ANTWOORD

1 Fiches en punten als beloning kunnen worden ingewisseld voor:
a prijzende woorden.
b niet naar de time-out hoeven.
c speciale privileges of een niet te duur speeltje.
d Bovenstaande antwoorden zijn allemaal juist.

2 De beste en gemakkelijkste manier om gedrag te verbieden, is:
a goed gedrag belonen.
b slecht gedrag corrigeren.
c de time-out gebruiken.
d jezelf opvreten en zorgen maken!

3 Een ouder-kindcontract moet op papier worden gezet en er moet het volgende in staan:

a Alleen waar het kind toe verplicht is.
b De verplichtingen van alle betrokkenen en wat er gebeurt als het contract niet wordt nageleefd.
c dat er geen mogelijkheid is om het contract te veranderen.
d alleen de handtekening van de ouders.

4 Twee kinderen een time-out geven, leidt tot minder ruziemaken doordat:
a beide kinderen dezelfde milde correctie krijgen.
b de ouders de kinderen niet met aandacht belonen door ze een standje te geven.
c de ouders niet hoeven te beslissen welk kind schuldig is en welk kind onschuldig.
d Bovenstaande antwoorden zijn allemaal juist.

5 Een agressief kind dat een ander kind pijn dreigt te doen, moet:
a een time-out krijgen.
b genegeerd worden.
c een tik krijgen.
d veel aandacht krijgen.

6 Voor spiegelend luisteren is het nodig dat een ouder:
a het kind aandacht geeft wanneer het zijn gevoelens uit.
b de gevoelens van het kind en de situatie die het kind beschrijft, in eigen woorden samenvat.
c pas met adviezen of suggesties komt nadat het kind zijn gevoelens heeft geuit.
d Bovenstaande antwoorden zijn allemaal juist.

7 Puntenkaarten zijn effectief, omdat:
a kinderen punten kunnen verdienen als ze zich goed gedragen.
b kinderen de verdiende punten kunnen inwisselen voor een beloning.
c ouders hun kind niet hoeven te prijzen.
d Bovenstaande antwoorden zijn allemaal juist.

8 Voordat je de time-out gebruikt in het openbaar of bij vrienden:
a moet het kind thuis aan de time-out gewend zijn geraakt.
b moeten de ouders het kind vertellen hoe het geacht wordt zich in het openbaar te gedragen.

c moeten ouders erop voorbereid zijn dat anderen zich ermee gaan bemoeien.
d Bovenstaande antwoorden zijn allemaal juist.

9 Als twee kinderen maar blijven ruziemaken om een stuk speelgoed, kan de ouder:
a ze vermanend toespreken dat ze er om beurten mee moeten spelen.
b de kinderen of het speelgoed in de time-out zetten.
c het speelgoed weggeven aan een goed doel.
d voor ieder kind een nieuw speeltje kopen.

10 Voor spiegelend luisteren is het nodig dat de ouder:
a het kind een standje geeft als het irrationele plannen ten beste geeft.
b alleen *voordat* het kind zijn gevoelens heeft geuit met suggesties komt.
c alleen met suggesties komt *nadat* het kind zijn gevoelens heeft geuit.
d Bovenstaande antwoorden zijn allemaal juist.

Antwoorden
1 c
2 a
3 b
4 d
5 a
6 d
7 b
8 d
9 b
10 c

In de illustratie 'Theoretische benaderingen in de opvoededucatie voor ouders' worden de voorgeschiedenis en de ontwikkeling weergegeven van de twee dominante benaderingen van de educatie en hulp aan ouders/opvoeders. De twee belangrijkste benaderingen van de opvoeding zijn de gedragsmatige en de humanistische. Ook de ontwikkeling van de SOS-methode is in de illustratie opgenomen.

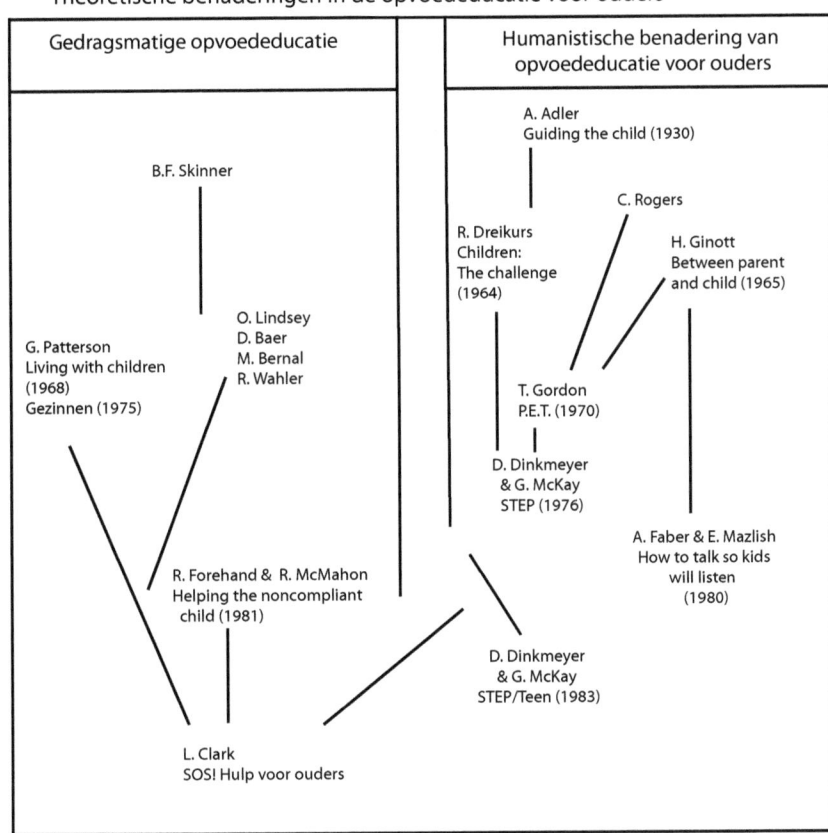

Theoretische benaderingen in de opvoededucatie voor ouders

Zowel de gedragsmatige als de humanistische benadering biedt methoden, materialen en cursussen over opvoeding. De gedragsmatige benadering wordt ondersteund door een indrukwekkende hoeveelheid onderzoek dat de effectiviteit in het verbeteren van gedrag aantoont. In onderstaande tabel worden de verschillen tussen beide benaderingen uitgelicht.

Tabel 23.1 Verschillen tussen de gedragsmatige en de humanistische benadering van opvoededucatie voor ouders

verschillen	gedragsmatig	humanistisch
1. onderzoeksmethode	systematische observatie, registratie en controle van gedrag; opgeslagen in databases	casusbeschrijvingen, anekdotisch
2. nadruk op overleg in opvoeding	minder nadruk	meer nadruk

verschillen	gedragsmatig	humanistisch
3. wie heeft er het meeste profijt van?	ouders en kinderen van *alle* niveaus van aanpassing en functioneren	ouders en kinderen met een hoger niveau van aanpassing en functioneren
4. communicatie van gevoelens tussen ouder en kind	minder nadruk	meer nadruk

Wij verwelkomen kopieën van artikelen over onderzoek waarin is gewerkt met educatiemateriaal van de SOS-methode!

Appendix

SOS-overzichten voor ouders

Hieronder volgt een aantal overzichtjes die als geheugensteuntje kunnen dienen voor ouders en leerkrachten; de hoofdpunten uit SOS! *Hulp voor ouders* worden hierin weergegeven. Kopiëren voor privégebruik is toegestaan.

- Basisregels en fouten in de opvoeding van kinderen
- Beloningen die kinderen fijn vinden
- Effectief instructies en bevelen geven
- Basisstappen voor het *eerste* gebruik van de time-out
- *Milde* correctiemethoden
- Basisstappen voor het aanpakken van agressief of gevaarlijk gedrag
- Gevoelens benoemen
- Puntenkaart voor het verbeteren van *één* gedraging
- Puntenkaart voor het verbeteren van *meerdere* gedragingen
- Beloningenlijst
- Formulier voor ouder-kindcontract
- Registratieformulier voor ouder, leerkracht en kind
- Time-outinformatie van school voor ouders

Basisregels en fouten in de opvoeding van kinderen

Wat kun je doen om je kind te helpen zijn gedrag te verbeteren? *Houd je aan drie basisopvoedregels en vermijd vier veelvoorkomende fouten.* Deze regels en fouten worden besproken in hoofdstuk één van SOS! *Hulp voor ouders.*

Drie regels voor de opvoeding van kinderen

- Regel #1. Beloon goed gedrag (en doe dit snel en vaak.)[1]
- Regel #2. Beloon niet 'per ongeluk' slecht gedrag.[2]
- Regel #3. Corrigeer sommige vormen van slecht gedrag (maar gebruik alleen *milde* correctie).

'Per ongeluk' gedragsproblemen veroorzaken – vier opvoedfouten om te vermijden

- Fout #1. Ouders belonen goed gedrag niet.
- Fout #2. Ouders corrigeren 'per ongeluk' goed gedrag.
- Fout #3. Ouders belonen 'per ongeluk' slecht gedrag.
- Fout #4. Ouders corrigeren slecht gedrag niet (wanneer een *milde* correctie wel gepast is).

---

1 Als gedrag wordt beloond, volgt op dat gedrag een 'positieve bekrachtiging', of kortweg 'bekrachtiging'.
2 We gebruiken de term 'uitdoving' als gedrag dat vroeger beloond werd, niet langer wordt beloond. Uitdoving wordt ook 'niet bekrachtigen' van gedrag genoemd.

Beloningen die kinderen fijn vinden

Het is erg belangrijk dat je het goede gedrag van je kind beloont. Goed gedrag belonen, is de gemakkelijkste en beste manier om verbetering te brengen in gedrag. Welke beloningen kunnen ouders gebruiken? *Beloningen die kinderen motiveren, zijn sociale beloningen, beloningen in de vorm van een activiteit en materiële beloningen.*

Tabel Appendix.1 Beloningen die kinderen fijn vinden		
sociale beloningen	beloningen in de vorm van een activiteit, ook privileges	materiële beloningen
glimlach	kaartspelletje met moeder	ijsje
knuffel	naar het park	bal
klopje	boekje lezen met vader	geld
aandacht	samen koekjes bakken	boek
aanraken	opblijven om een film op tv te kijken	springtouw
applaudisseren	er mag een vriendje komen spelen	ballonnen
knipoog	voetballen met vader	jojo
prijzende woorden	samen een spelletje doen	zaklantaarn
'goed gedaan'	naar de pizzeria	cd

Het is ook belangrijk om het slechte gedrag van je kind niet te belonen. Als je slecht gedrag 'per ongeluk' beloont, zorg je ervoor dat dit gedrag vaker zal voorkomen.

Beloon alleen goed gedrag en doe dat snel en vaak. De basisregels voor de opvoeding van kinderen en veelvoorkomende fouten worden besproken in hoofdstuk 1 van SOS! *Hulp voor ouders*.

Effectief instructies en bevelen geven aan je kind

Alle ouders moeten in staat zijn hun kind, indien nodig, heldere, effectieve instructies en bevelen te geven. Ze moeten deze bevelen ook kunnen ondersteunen met maatregelen voor het geval het kind niet gehoorzaamt. Als je een bevel geeft, vraag je je kind iets onmiddellijk te doen of onmiddellijk met iets op te houden.
Wanneer worden bevelen gegeven? Geef je kind een bevel als je wilt dat het met bepaald slecht gedrag onmiddellijk *ophoudt* en je gelooft dat het niet gehoorzaamt als je dit gewoon vraagt. Geef ook een bevel als je wilt dat je kind iets onmiddellijk *gaat doen* en je gelooft dat het niet zal gehoorzamen als je dit gewoon vraagt.
Hoe geef je een bevel? Volg de richtlijnen uit het volgende lijstje:

> ### Effectieve bevelen geven aan je kind
> *Stappen om te volgen*
> 1 Ga dicht bij je kind staan.
> 2 Neem een strenge gezichtsuitdrukking aan.
> 3 Zeg zijn naam.
> 4 Zorg dat er oogcontact is en blijft.
> 5 Gebruik een ferme toon.
> 6 Geef een direct, eenvoudig en helder bevel.
> 7 Ondersteun indien nodig je bevel met de time-out.

Zorg dat je 'goede' instructies en bevelen geeft en geen 'slechte'. 'Goede' bevelen zijn helder, direct en eenvoudig. 'Slechte' bevelen zijn onduidelijk, indirect, vaag, ingewikkeld, worden als een vraag gebracht of bestaan uit een serie verschillende bevelen.
Wat te doen als je kind je bevel niet gehoorzaamt? Dan heb je de

time-out – een nuttige steun in de rug! De juiste stappen voor het gebruik van de time-out worden beschreven in de hoofdstukken 6 tot en met 12, en het geven van effectieve bevelen in hoofdstuk 2 van SOS! *Hulp voor ouders*.

Basisstappen voor het eerste gebruik van de time-out

Te volgen stappen

1. Kies een doelgedrag waarvoor je de time-out gaat gebruiken (zie hoofdstuk 4).
2. Houd bij hoe vaak dit gedrag voorkomt (hoofdstuk 4).[1]
3. Kies een saaie plek voor de time-out (hoofdstuk 7).
4. Geef je kind uitleg over de time-out (hoofdstuk 8).
5. Wacht geduldig tot het doelgedrag optreedt (hoofdstuk 9).

Het doelgedrag treedt op!
6. Zet je kind in de time-out en gebruik hierbij niet meer dan 10 woorden en 10 seconden (hoofdstuk 9).
7. Pak de kookwekker, stel deze in op het aantal minuten dat overeenkomt met de leeftijd van je kind en zet de wekker binnen gehoorsafstand van je kind (hoofdstuk 10).
8. Wacht tot de wekker afgaat – geef je kind terwijl het wacht op het signaal van de wekker geen enkele aandacht (hoofdstuk 10).
9. Nadat de wekker is gegaan vraag je je kind waarom het naar de time-out is gestuurd (hoofdstuk 11).[1]

---

[1] De stappen 2 en 9 zijn belangrijk maar niet onontbeerlijk.

Zet de wekker op één minuut per jaar dat je kind oud is. Gebruik een kookwekker. De basisstappen voor het gebruik van de time-out worden beschreven in de hoofdstukken 6 tot en met 12 van SOS! *Hulp voor ouders*.

Milde correctiemethoden

Tabel Appendix.2

milde correctiemethoden	leeftijd van het kind	effectiviteit van correctie	type gedraging dat wordt gecorrigeerd	hoe snel toegepast
time-out	twee tot en met twaalf	zeer effectief	meeste gedrag, vooral moeilijk te hanteren gedrag	onmiddellijk, indien mogelijk
standje geven of afkeuren	alle leeftijden	gemiddeld effectief	al het gedrag	onmiddellijk, of later
natuurlijke consequenties	alle leeftijden	effectief	bepaalde typen gedrag	onmiddellijk of later
logische consequenties: 'Ik berg je stiften een week op!'	drie tot en met adolescentie	effectief	het meeste gedrag	onmiddellijk of later
straf: 'De rest van de dag geen tv!' of: 'De rest van de dag niet fietsen!'	vijf tot en met adolescentie	effectief	het meeste gedrag	onmiddellijk of later

Basisstappen voor het aanpakken van agressief of gevaarlijk gedrag

Stappen die je onmiddellijk moet zetten

1 Laat het gedrag ophouden.
2 Geef een kort standje en benoem het onacceptabele gedrag.
3 Zet je kind onmiddellijk in de time-out.

Na afloop van de time-out
4 Vraag je kind wat het heeft gedaan dat agressief of gevaarlijk was.
5 Help je kind een of twee manieren te beschrijven om zich in de toekomst te gedragen op een manier die veilig en/of niet agressief is. Nadat je kind je heeft verteld over deze veiligere manieren om zich te gedragen, beloon je het door het te prijzen.
6 Geef vervolgens een milde logische consequentie of straf (zie hoofdstuk 5).
7 Als je kind in de stemming is om te praten, gebruik dan spiegelend luisteren (hoofdstuk 18).

In hoofdstuk 17 van *SOS! Hulp voor ouders* worden de basisstappen voor het aanpakken van agressief of gevaarlijk gedrag besproken.

Gevoelens benoemen

Tabel Appendix.3

namen voor plezierige gevoelens

geaccepteerd, aardig gevonden	blij
gewaardeerd	goed, geweldig
competent, zelfverzekerd	dankbaar
succesvol	vergenoegd
op zijn/haar gemak, ontspannen	liefde, geliefd
enthousiast	tevreden, gelukkig
vrolijk, eufoor	genieten, leuk vinden
hoopvol, optimistisch	trots
aangemoedigd	gerespecteerd
opgelucht	veilig, zeker

namen voor onplezierige gevoelens

boos, kwaad	ongelukkig, ellendig
wrokkig, het betaald willen zetten	oneerlijk behandeld
prikkelbaar, chagrijnig	niet bemind, afgewezen
angstig, bang	ontmoedigd
teleurgesteld, in de steek gelaten	in verlegenheid gebracht
eenzaam, buitengesloten	gekwetst
zonder vrienden, afgewezen	moe
waardeloos, nergens voor deugend	verveeld
stom, dom	in verwarring
van streek, gespannen	gefrustreerd
bezorgd, ongerust	minderwaardig
onveilig	schuldig

In deze twee lijstjes worden veelvoorkomende plezierige en onplezierige gevoelens benoemd, die kinderen en volwassenen kunnen ervaren. Als je dit lijstje bij de hand wilt hebben, kopieer het dan, vouw het dubbel en plak de twee kanten aan elkaar.

Help je kind met het benoemen van zijn gevoelens. Om gevoelens te kunnen begrijpen en ermee om te kunnen gaan, is het noodzakelijk deze te kunnen benoemen. In hoofdstuk 18 van SOS! *Hulp voor ouders* worden de basisstappen beschreven van 'je kind helpen gevoelens te uiten'.

Puntenkaart voor het verbeteren van één gedraging

Tabel Appendix.4

verdiende punten							
goede gedraging (en mogelijke punten):							
	zo	ma	di	wo	do	vr	za
eerste week							
tweede week							
derde week							

Op deze kaart wordt één gedraging gedurende enkele weken geregistreerd. Is de derde week voorbij, hang dan een nieuwe kaart op.

Als je kind een punt uitgeeft, zet er dan met rood een streepje onder of streep de punt door. Niet doorgestreepte of rood gemarkeerde punten zijn nog niet uitgegeven. Moedig je kind aan de punten te besteden in plaats van deze op te sparen. Door punten uit te geven, raakt je kind meer gemotiveerd.

In hoofdstuk 14 van SOS! *Hulp voor ouders* wordt het werken met een puntenkaart beschreven.

Puntenkaart voor het verbeteren van meerdere gedragingen

Tabel Appendix.5

verdiende punten							
lijst van goede gedragingen (en mogelijke punten)	zo	ma	di	wo	do	vr	za
totaal aantal verdiende punten							

Op deze puntenkaart worden verschillende soorten gedragingen gedurende één week geregistreerd. Hang iedere week een nieuwe kalender op.

Tel aan het eind van de dag het aantal punten bij elkaar op dat je kind die dag gehaald heeft. Streep de punten die je kind heeft uitgegeven, in de onderste rij door.

Hoofdstuk 14 van SOS! *Hulp voor ouders* beschrijft het werken met een puntenkaart om gedrag te verbeteren.

Beloningenlijst

Tabel Appendix.6

beloningenlijst	
beloning	kosten in punten

Noteer op deze lijst een aantal materiële beloningen en beloningen in de vorm van een activiteit. Noteer ook het aantal punten of fiches dat je kind voor iedere beloning moet hebben. Hang deze lijst op naast de puntenkaart.

Hoofdstuk 14 *van SOS! Hulp voor ouders* beschrijft het werken met een beloningenlijst om gedrag te verbeteren.

Formulier voor ouder-kindcontract

Contract

Ik (naam kind) stem ermee in om:

Vader en moeder stemmen ermee in om:

Vader en moeder stemmen ermee in om:

Datum ingaan contract:
Datum waarop het contract verloopt:
Datum ondertekening:

Overeengekomen door:

(handtekening kind)

(handtekening moeder)

(handtekening vader)

Het werken met een ouder-kindcontract wordt beschreven in hoofdstuk 14 van SOS! *Hulp voor ouders.*

Registratieformulier ouder, leerkracht en kind

Tabel Appendix.7

registratie van doelgedrag van [naam kind]

beschrijving van het gedrag dat vaker of minder vaak moet gaan voorkomen:

week van:

	ma	di	wo	do	vrij
gedrag: (leerkracht houdt per dag bij of gedrag al dan niet voorkomt)					
paraaf leerkracht: (leerkracht tekent iedere dag)					

registratie van doelgedrag van [naam kind]

paraaf kind
(kind tekent iedere dag)

paraaf ouder
(ouder tekent iedere dag)

Plan:

Time-outinformatie van school voor ouders

'Ik sloeg Jonathan maar één keer!'

Brief

Beste ouders,

In iedere klas komen soms gedragsproblemen voor. De time-out is een veilige, niet-agressieve manier om kinderen te helpen met het verbeteren van hun gedrag. Een kind dat een time-out krijgt, wordt nadat het gedrag heeft vertoond dat niet door de beugel kan, gedurende korte tijd op een saaie plek neergezet.

De time-out wordt gebruikt bij slaan, schoppen, duwen, krabben, bijten, spugen naar anderen, gedrag waarmee het kind zichzelf in gevaar brengt en het bedreigen van anderen. Soms worden kinderen in de time-out gezet als ze iets van een ander afpakken, herhaaldelijk niet gehoorzamen aan de klassenregels, vloeken, boos gillen of een brutale mond tegen mij hebben.

Als uw kind op school in de time-out is gezet, is het niet nodig ook thuis nog straf te geven. U wilt immers dat uw kind zich vrij voelt om thuis te vertellen over wat er op school gaande is! Ook thuis kan de time-out worden gebruikt om slecht gedrag te corrigeren. Natuurlijk kunt u met uw vragen over de time-out of andere methoden die ik gebruik om de kinderen te corrigeren, bij mij terecht.

(leerkracht)

Het staat leerkrachten vrij deze brief te kopiëren om deze aan ouders te mailen of te geven.

Over de auteur

De schrijver van SOS! Hulp *voor ouders* en bedenker van het SOS-opvoedprogramma is dr. Lynn Clark. Dr. Clark is klinisch psycholoog, emeritus hoogleraar psychologie aan de Western Kentucky University in de Verenigde Staten. Tevens was hij tijdelijk hoogleraar onderwijskunde aan de Boston University. Dr. Clark heeft een enorme ervaring in de ambulante geestelijke gezondheidszorg, ziekenhuizen, therapiecentra en bij overheidsinstanties. Hij is geregistreerd gezondheidspsycholoog. Als vader van twee zoons paste hij alle methoden voor het aansturen van gedrag uit het SOS-programma zelf toe.

Deze Nederlandse vertaling is verschenen met toestemming van SOS Programs & Parents Press, www.sosprograms.com.

GPSR Compliance

The European Union's (EU) General Product Safety Regulation (GPSR) is a set of rules that requires consumer products to be safe and our obligations to ensure this.

If you have any concerns about our products, you can contact us on

ProductSafety@springernature.com

In case Publisher is established outside the EU, the EU authorized representative is:

Springer Nature Customer Service Center GmbH
Europaplatz 3
69115 Heidelberg, Germany